Alex & Angkana Neumayer

# Heimat SUSHI

Regional
& saisonal

70 vegetarische
& vegane Rezepte

CHRISTIAN

# INHALT

# VORWORT

*Liebe Leserin, lieber Leser,*

wir leben in einer der landwirtschaftlich reichsten Regionen unserer Erde, zu jeder Jahreszeit können wir auf Produkte aus unserer Region zurückgreifen. Das spiegelt sich auch heutzutage weitgehend in den verschiedenen Küchen wider, es gilt das Motto »Zurück zur Regionalität«. Bisweilen jedoch nicht bei Sushi.

Zur Sushi-Zubereitung werden nach wie vor Zutaten aus aller Welt importiert. Sei es die Avocado aus Lateinamerika, der Thunfisch aus dem Indischen Ozean und so fort. Dies ist absolut nicht notwendig. Auch für Sushi können wir im Frischebereich mit unseren saisonalen regionalen Produkten »aus dem Vollen schöpfen«. Wir packen in diesem Buch die Frische unserer heimischen Natur in die Sushis. Dies ist unser Gedanke zur Entstehung dieses Buches. Wir kreieren hier vegetarische und vegane Sushi-Rezepte nach Saison. Für jede Jahreszeit machen wir das passende Sushi.

Ein Großteil der angeführten Rezepte ist vegan. Bei einigen anderen können Veganer die Milchprodukte einfach weglassen bzw. Eierpfannkuchen durch Tofu-Blätter ersetzen.

Wir wünschen viel Spaß beim Durchblättern des Buches, aber noch mehr beim Zubereiten und Verkosten der darin beschriebenen Rezepte. Möge Ihnen das Buch Ideen liefern, um zukünftig eigenständig vegetarische und vegane Sushi-Kombinationen mit der heimischen Produktvielfalt entstehen zu lassen.

**Gutes Gelingen!**

# WISSENSWERTES ZUM THEMA SUSHI

## Ein weitverbreiteter Irrglaube

Sushi ist immer mit Fisch. Das stimmt nicht. Die Bedeutung des Wortes Sushi hat nichts mit Fisch zu tun. »Sushi« heißt frei übersetzt »gesäuert« und bezieht sich auf den Reis. Der Sushi-Reis wird bei der Zubereitung mit Essig gesäuert. Früher wurde er fermentiert. Sushi kann vegetarisch, vegan, mit Fleisch oder natürlich eben mit Fisch und Meeresfrüchten sein. Da Japan ein Inselstaat mit intensiver Fischerei ist, ist es naheliegend, dass die ersten Sushis Fisch als Komponente enthielten.

## Sushi – ein japanisches Fingerfood?

Fingerfood ja, man isst Sushi traditionell mit den Händen, aber japanisch nicht ganz. Wenn man in der Geschichte der Sushis zurückreist, erkennt man: Der Ursprung lag in Südostasien im Bereich des Mekong. Da es keine Kühlmöglichkeiten gab, wurden Lebensmittel früher zur Konservierung hauptsächlich getrocknet und fermentiert. So legten die Fischer den in der Fangsaison im Überfluss vorhandenen Fisch gesäubert in Töpfen mit Reis ein. Er fermentierte dort und war so bis zu einem Jahr haltbar. Der Reis hingegen wurde entsorgt. Diese Art der Haltbarmachung wird auch heute gelegentlich in Dörfern in China und Südostasien praktiziert.
In Japan wurde diese Art der Haltbarmachung übernommen. Erst viel später begann man den Reis künstlich mit Essig zu säuern und so mit frischem Fisch zu essen. Das waren die ersten Sushis, wie wir sie heute kennen. Auf dieser Basis entwickelten sich im Laufe der letzten Jahrhunderte in Japan immer neue Sushi-Kreationen. Als Anfang des 20. Jahrhunderts Japaner in Kalifornien Restaurants eröffneten, begann die internationale Verbreitung von Sushi. Seit den letzten Jahrzehnten des 20. Jahrhunderts ist Sushi ein internationales Mode-Food und aus den Metropolen der Welt nicht mehr wegzudenken.

## Wie wird Sushi richtig gegessen?

Wie schon erwähnt ist Sushi eigentlich Fingerfood. Die Essstäbchen kamen erst viel später mit Sushi in Verbindung. Messer und Gabel sind ein absolutes No-Go beim Essen von Sushi. Auch Sushi auf einem Stäbchen aufgespießt geht gar nicht. Wer mit den Stäbchen nicht geübt ist, bitte mit den Fingern essen.
Sushi schmeckt am besten frisch zubereitet und bei Zimmertemperatur. Bei Maki-Rollen ist dann das Nori-Algenblatt noch knusprig und das Gemüse knackig. Hat man Sushi doch aus welchen Gründen auch immer vor dem Essen gekühlt, empfiehlt es sich, dieses mindestens 15–20 Minuten vor dem Essen aus der Kühlung zu nehmen.

## Die Sushi-Begleiter

Dip-Sauce – Wasabi – eingelegter Ingwer, diese drei Zutaten werden traditionell mit Sushis serviert. Servieren Sie auch zu den im Buch angeführten Sushi-Rezepten immer einen passenden Dip, etwas Wasabi oder Meerrettich und eingelegten Ingwer. Oftmals wird nur Sojasauce als Dip zu Sushis serviert. Verwöhnen Sie Ihre Gäste und reichen Sie verschiedene passende Dips zu verschiedenen Sushis. Wasabi ist kein Muss, oftmals werden vegetarische Sushis ohne serviert. Wir finden jedoch, ein Hauch von Wasabi- oder Meerrettichschärfe tut auch den meisten vegetarischen Sushis gut.
Richtig gegessen wird das Sushi, wenn handgeformtes Nigiri mit der Belagseite leicht in die Soja-Dip-Sauce getunkt wird. Ist es ein Maki, dann vorsichtig nur mit einer schmalen Seite. Wer das Sushi breitseitig in die Sojasauce legt, wird von den hochwertigen, teils mild schmeckenden Zutaten des Belags oder der Fülle nicht mehr viel schmecken. Schade drum, es wird alles vom salzigen, intensiven Geschmack der Sojasauce überdeckt.

Etwas Wasabi (eine nach Meerrettich schmeckende Paste, auf die wir später noch genauer eingehen) in die Sojasauce einrühren ist eigentlich auch nicht ganz richtig. Sushis kommen vom Sushi-Chef schon mit etwas Wasabi gewürzt zum Gast. Und zwar mit der Menge an Wasabi, welche der Sushi-Chef für richtig erachtet. Möchte man das eine oder andere Stück doch etwas schärfer, so gibt man etwas Wasabi auf das Essstäbchen, nimmt das Sushi und geht dann damit zur Sojasauce. Der süßsauer eingelegte Ingwer wird zwischen verschiedenen Sushi-Sorten gegessen, um die Geschmackspalette wieder zu neutralisieren.

## Traditionelle, moderne und kreative Sushi-Arten

- **Oshi** – gepresstes Sushi, kann belegt oder auch gefüllt sein. Oshi und Nigiri sind die ältesten Formen von Sushi, wie wir sie heute kennen.
- **Nigiri** – handgeformtes, ovales, mit Zutaten belegtes Reisbällchen
- **Maki** – in Stücke geschnittene Sushi-Rolle
- **Te-Maki** – eine spitze Tüte aus mit Reis und anderen Zutaten gefülltem Nori-Algenblatt
- **Gunkan-Maki** – handgeformtes, ovales, umwickeltes und gefülltes Reisbällchen
- **Te-Mari** – oben belegte oder gefüllte kleine Reiskugeln
- **Chirashi** – Reis mit diversen Zutaten garniert in einer Schale
- **Onigiri** – gelegentlich auch gefülltes Dreieck aus Reis
- **Inari** – mit Reis gefüllte Tasche aus frittiertem Tofu
- **Onigirazu** – Sushi-Sandwich
- sowie weitere kreative Formen wie Sushi-Donut, Sushi-Burrito ...

## Der Sushi-Reis

Auf einen guten Reis kommt es an. Guter und richtig zubereiteter Sushi-Reis, und man hat die halbe Miete – oder sogar mehr.

## Die Reisauswahl

Ganz wichtig: Kaufen Sie ausschließlich den als »Sushi-Reis« deklarierten Reis. Nur dieser hat nach dem Zubereitungsprozess die erwünschte Klebrigkeit. Qualitativ guter Sushi-Reis besitzt eine gleichmäßige Körnung, weist keine Schalenrückstände auf und enthält keine gebrochenen Reiskörner. Der Reis sollte rundliche, eher kleine Reiskörner aufweisen. Der Großteil des bei uns erhältlichen Sushi-Reises kommt aus Italien oder Kalifornien. Wir bevorzugen als Sushi-Reis den italienischen Selenio oder Nishiki.

## Die Zubereitung

Wir bereiten den Sushi-Reis entweder in einem elektrischen Reiskocher oder im Kochtopf auf dem Herd zu. Zuerst wird der Reis zwei- bis dreimal gewaschen, damit die Stärke außen an den Reiskörnern weggespült wird. Nun lassen wir den Reis in kaltem oder lauwarmem Wasser etwa 20 Minuten quellen. Die Farbe der Reiskörner hat sich jetzt von transparent weiß zu schneeweiß verändert. Jetzt wird der Reis durch ein Sieb gegossen und mit der gleichen Menge an Wasser aufgefüllt.

Hat man nicht genügend Zeit, den Reis vor dem Kochen quellen zu lassen, dann 1,2–1,3 Teile Wasser je 1 Teil Reis, also etwas mehr Wasser als Reis nehmen. Hat man einen elektrischen Reiskocher zur Verfügung, einfach auf »kochen« schalten. Nach etwa 20 Minuten schaltet sich das Gerät von »kochen« auf »wärmen«. Wir lassen den Reis dann noch gut 5 Minuten ziehen.
Gart man den Reis im Kochtopf auf dem Herd, muss der Topf mit einem Deckel verschlossen werden. Der Reis wird für gut 10 Minuten langsam gekocht. Weitere 15 Minuten lässt man den Reis bei niedriger Temperatur ziehen.

Egal wie gekocht, im Anschluss kommt der weich gedämpfte Sushi-Reis in eine Schüssel mit großem Durchmesser. Traditionell wird eine Hangiri aus Zedernholz verwendet. Wer keine solche hat, verwendet eine Schüssel aus Kunststoff, Glas oder Holz. Wichtig ist hierbei, dass der Reis nicht höher als 5 cm in der Schüssel ist, damit er schnell abkühlen kann.

Über den heißen Reis wird die Marinade (siehe Kapitel »Basics«) geträufelt und mit einem Kunststoffspatel untergehoben. Dabei darf kein Druck nach unten entstehen, da die Reiskörner sonst zerquetscht werden. Dieser Vorgang wird so lange fortgeführt, bis am Boden der Schüssel ein klebriger Film entstanden ist. Jetzt hat unser Sushi-Reis die richtige Konsistenz. Er muss nur noch auf Zimmertemperatur abkühlen. Ein schnell heruntergekühlter Reis behält einen schöneren Glanz.

Der Reis wird immer bei Zimmertemperatur zu Sushis verarbeitet. Es wird niemals gekühlter Reis verwendet, da dieser nicht mehr die richtige Klebrigkeit aufweist und die Reiskörner im kalten Zustand auch härter sind. Gehen Sie bei den nachfolgenden Rezepten von etwa 45 Minuten zusätzlicher Zubereitungszeit für den Sushi-Reis aus.

## Farbiger Sushi-Reis

Sie können auch farbigen Reis verwenden, etwa durch:

- **Zugabe von Gemüsepürees:** Wird der Sushi-Reis durch Zugabe von Gemüsepürees gefärbt, sollten diese nicht allzu wasserhaltig sein. Die Zugabe zum Reis erfolgt mit der Sushi-Reis-Marinade
- **Zugabe von frischen gehackten Kräutern:** Diese werden erst nach dem Abkühlen dem marinierten Sushi-Reis untergemischt, da sich die Kräuter im heißen Reis verfärben würden.
- **Verwendung farbiger Getreidesorten:** Getreidesorten mit gleicher Kochzeit wie der Sushi-Reis werden direkt vor dem Kochprozess unter Anpassung der Wassermenge beigegeben. Getreidesorten mit längerer Kochzeit wie z. B. schwarzer Klebreis müssen vorher eingeweicht werden. Es empfiehlt sich, den Anteil von Getreide oder anderen Reissorten nicht über 20 %zu erhöhen, da damit die Konsistenz des Reises zu sehr verfälscht wird.

## Getreide im Reis

Die Zugabe von Getreide sollte sich auf 20 %der Reismenge beschränken, damit die Klebrigkeit des fertigen Reises nicht zu sehr verändert wird. Getreidesorten mit gleicher Kochzeit wie der Sushi-Reis werden direkt vor dem Kochprozess unter Anpassung der Wassermenge beigegeben. Getreidesorten mit längerer Kochzeit wie z. B. schwarzer Klebreis müssen vorher eingeweicht werden.

## Traditionelle Sushi-Zutaten

Wir verwenden zu unseren heimischen Sushis auch einige der traditionellen Sushi-Zutaten:

**Sojasauce**

Hierbei verwenden wir vorzugsweise eine natürlich gebraute, stark salzreduzierte Sojasauce ohne chemische Zusätze (z. B. Kikkoman mit grünem Verschluss). Alle Rezepte mit Sojasauce in diesem Buch wurden damit zubereitet. Für Menschen mit einer Glutenunverträglichkeit gibt es erfreulicherweise geeignete spezielle Produkte (z. B. glutenfreie Tamari von Kikkoman).

**Wasabi**

Die Wasabipflanze wächst in Ostasien. Fein zu einer Paste gerieben schmeckt frisches Wasabi ähnlich unserem Meerrettich. Die bei uns weitverbreitet in Pulverform (mit Wasser verrühren) oder als Pasten angebotenen Artikel enthalten jedoch kaum echten Wasabi. Ein Großteil der Zutaten ist Meerrettich oder Senfsaat. Echtes Wasabi ist hierzulande sehr teuer und wird nur in exklusiven japanischen Restaurants verwendet. Da die fertig gekaufte Wasabivariante großteils aus Meerrettich besteht, verwenden wir im Buch auch häufig Meerrettich in den Rezepten. Sie können dann wählen, wie Sie es für Ihr Sushi bevorzugen.

### Gari – eingelegter Sushi-Ingwer

Findet man schon fast in allen Supermärkten. Wir zeigen, wie man diesen selbst ganz einfach herstellen kann (siehe Kapitel »Basics & Steps«).

### Nori-Algenblatt

Für sehr viele Sorten der gerollten Maki-Sushis wird dieses verwendet. Es ist sehr gesund und sehr jodhaltig. Leider aber nicht jedermanns Geschmack. Das Nori-Algenblatt hat eine glatte, glänzende Seite und eine raue Seite. Der Reis kommt immer auf die raue Seite. Wir werden einige Varianten Maki-Sushis mit Alternativen rollen. Es sei jedoch gesagt: Für einen ungeübten »Sushi-Roller« ist kein anderes Material so einfach und schnell zu handhaben wie das Nori-Algenblatt.

### Mirin – der süße japanische Reiswein

Nicht unbedingt zum Trinken geeignet, aber zum Kochen hat Mirin seinen Platz in der japanischen Küche. Wir verwenden Mirin für die ein oder andere Sushi-Dip-Sauce sowie für die Eierpfannkuchen.

### Helle Miso-Paste

Diese sehr gesunde Paste aus fermentierten Sojabohnen und einem Anteil Reis verwenden wir für Dips sowie ein Sushi-Rezept. Die helle Miso-Paste ist süßlich, während die dunkle, länger fermentierte Variante salzig schmeckt.

### Geschmackliche Abstimmung

Ein Großteil der Sushis hat eine leichte Schärfe durch Wasabi (in unserem Fall auch Meerrettich). Die restlichen Zutaten sollten so kombiniert werden, dass diese eine interessante Geschmackskombination ergeben. Was gut mit Reis passt, passt auch gut für Sushi.

## Vegetarische Zutaten und ihre Verwendung

### Gemüse

Gemüse verwenden wir je nach Saison. Am liebsten frisch vom Markt oder aus dem Garten. Gemüsesorten zum Füllen oder Belegen der Sushis sollten nicht zu wasserhaltig sein. Exzessives Wasser beeinträchtigt die Klebrigkeit vom Sushi-Reis. Werden Gemüse roh verarbeitet, gilt: je härter und faseriger, desto feiner geschnitten. Vorgekochte oder fermentierte Gemüse vor Verwendung gut abtropfen lassen. Ist eine Gemüsesorte lang, wie z. B. Gurke oder weißer Rettich, dann am besten die Streifen gleich in die Länge des Nori-Algenblattes schneiden. Bei Salaten verwenden wir vorzugsweise die geschmacksintensiveren Sorten wie z. B. Rucola oder Radicchio.

**Pilze**
Jede Art von Speisepilzen kann auch für Sushi verwendet werden. Pilze immer scharf anrösten, bis die austretende Flüssigkeit verdampft ist. Zuchtpilze sowie auch junger Steinpilz können auch im rohen Zustand verzehrt werden, andere Waldpilze sollten gegart sein.

**Blüten, Kräuter, Kresse & Sprossen**
Nicht nur sehr gesund, bringen sie auch eine gute Frische und viel Farbe in die Sushis.

**Frische Früchte**
Sehr wasserhaltige Früchte wie Beeren lieber im Ganzen als Belag bei Nigiri oder Gunkan-Maki. Andere Früchte kann man geschnitten in Maki rollen.

**Nüsse & Kerne**
Es können alle Arten von Nusskernen verwendet werden. In der Regel werden sie grob gehackt.

**Essige & Öle**
Wählen Sie den passenden Essig zur Verwendung in Ihrer Sushi-Reis-Marinade. Dabei gilt, dass sich die benötigte Zuckermenge am Säuregehalt des Essigs orientiert. Essig mit mehr Säuregehalt verlangt auch etwas mehr Zucker in der Mischung, Essig mit weniger Säuregehalt eben das Gegenteil. Unsere Reis-Marinade-Mischung ist abgestimmt auf Essig mit 4,5 % Säuregehalt. Öle dürfen keinesfalls direkt in den Reis gemischt werden, die Klebrigkeit des Sushi-Reises geht verloren. Aromatisierte Öle eignen sich aber gut in Kombination mit den Zutaten für die Füllung und bringen interessante Geschmacksvariationen mit sich.

**Milchprodukte & Eier**
Schmand bzw. Sauerrahm verwenden wir gerne, um die Mayonnaise »zu strecken«, dadurch wird diese bekömmlicher. Käse bringt neben seinem typischen Geschmack auch eine cremige Konsistenz in die Sushis. Für die Zubereitung von Pfannkuchen verwenden wir Eier sowie eine kleine Menge Maisstärkemehl. Für den typischen leicht süßlichen Geschmack würzen wir mit Zucker, Mirin und Salz.

**Omelett**
Traditionell wird das japanische Omelett »Tamago« in einer eckigen Pfanne gemacht. In dünnen Schichten und immer übereinandergefaltet, bis ein fertiges Omelett in 2 cm Dicke entstanden ist. Dieses wird abgekühlt und in Scheiben (meist schräg, damit die Scheiben 7–8 cm Länge erreichen) geschnitten. Es sollte nicht zu heiß gearbeitet werden, damit das Omelett kaum Farbe annimmt.

**Sojaprodukte**
Tofu oder geräucherter Tofu finden in so manchem Rezept Verwendung.

# Frühling

# URA-MAKI

## mit Apfel und Feta

ZUBEREITUNGSZEIT: **ETWA 10 MINUTEN**

### FÜR 8–10 STÜCK

½ roter Apfel (z. B. Gala Royal, Elstar)
1 EL neutrales Pflanzenöl
50 g Feta (aus Schafsmilch)
1 Handvoll Rucola
⅔ eines Nori-Algenblatts
130 g fertiger Sushi-Reis (Marinade mit Apfelessig aromatisiert)
Wasabi (optional)
1 TL flüssiger Honig

**Zum Anrichten**
1 Handvoll unbehandelte Apfelblüten
Basis-Dip-Sauce (siehe Seite 166)

### ZUBEREITUNG

Den Apfel entkernen und in sehr feine Scheiben schneiden. Das Öl in einer Pfanne erhitzen und die Apfelscheiben etwa 1 Minute auf jeder Seite anbraten. Den Schafskäse in Würfel von 1 cm Kantenlänge schneiden. Den Rucola waschen, sorgfältig trockenschütteln und gegebenenfalls die Stängel etwas kürzen. Anschließend mit dem Algenblatt und dem Sushi-Reis eine Ura-Maki-Rolle (siehe Seite 174) vorbereiten. Nach dem Wenden des Algenblatts nach Wunsch Wasabi auftragen. Dann die Hälfte der Rucolablätter auslegen, den Feta darauflegen und mit dem restlichen Rucola bedecken. Anschließend einrollen. Die fertige Rolle dachziegelartig mit den Apfelscheiben bedecken, ein Blatt Frischhaltefolie darüberlegen und die Apfelscheiben mit der Makisu gut andrücken. Anschließend die Ura-Maki-Rolle portionieren. Auf jedes Ura-Maki-Sushi einen kleinen Tropfen Honig träufeln und die Apfelscheiben mit einem Küchenbunsenbrenner etwas abflämmen.

### ANRICHTEN

Die Ura-Maki mit Apfel und Feta anrichten und mit den Apfelblüten garnieren. Die Dip-Sauce in einem separaten Schälchen dazustellen.

# MAKI

## mit Erdbeeren und Marzipan

ZUBEREITUNGSZEIT: **ETWA 10 MINUTEN (PLUS 1 STUNDE ABKÜHLZEIT FÜR DEN DIP)**

### FÜR 8 STÜCK

**Für den Rhabarber-Dip**
200 g geschälter Rhabarber
100 g Zucker

**Für Maki mit Erdbeeren und Marzipan**
100 g grün gefärbtes Rohmarzipan
etwas Puderzucker zum Ausrollen
100 g gegarter Sushi-Reis (Marinade mit 10 ml Holunderblütensirup und dem Schalenabrieb von ½ unbehandelten Zitrone aromatisiert)
60 g frische, geputzte Erdbeeren

**Zum Anrichten**
8 Blätter Minze
8 unbehandelte Schlüsselblumenblüten

### ZUBEREITUNG

#### RHABARBER-DIP

Den Rhabarber in kleine Stücke schneiden und zusammen mit dem Zucker und etwas Wasser einige Minuten weich kochen. Anschließend abkühlen lassen.

#### MAKI MIT ERDBEEREN UND MARZIPAN

Das Marzipan dünn zu einem Rechteck in der Größe eines Nori-Algenblatts ausrollen. Ein Stück Frischhaltefolie auf die Makisu legen und die Marzipanplatte darauflegen. Die Erdbeeren waschen, gut trockentupfen und längs in vier bis sechs Stücke zerteilen. Den Sushi-Reis auf der Marzipanplatte verteilen wie bei der Herstellung von Futo-Maki-Rollen beschrieben (siehe Seite 172) und mit den Erdbeeren als Füllung fertigstellen. Abschließend leicht eckig formen und portionieren.

#### ANRICHTEN

Jedes Sushi mit Erdbeeren und Marzipan auf einem Minzblatt anrichten und mit einer Schlüsselblumenblüte garnieren. Den Rhabarber-Dip in einem separaten Schälchen dazustellen.

### TIPP

**Für diese Maki-Variante ist es besonders wichtig, dass sie frisch zubereitet wird. Sie darf nicht gekühlt werden, da das Marzipan dann Feuchtigkeit zieht.**

**Verwenden Sie vorzugsweise mit Pistazienkernen grün eingefärbtes Marzipan, da es weniger süß ist und auch weniger Feuchtigkeit als konventionelles Marzipan zieht.**

# FRÜHLINGSBOWL

ZUBEREITUNGSZEIT: **ETWA 10 MINUTEN**

FÜR 1 BOWL

60 g Räuchertofu
3 TL neutrales Pflanzenöl
3 grüne oder violette Spargelstangen
einige Stängel Bundknoblauch (alternativ Frühlingszwiebeln)
Salz
frisch gemahlener schwarzer Pfeffer
Zucker
4–5 junge Karotten
1 Radieschen
150 g fertiger Sushi-Reis in 3 Farben (z. B. Weiß, Rot, Gelb)

**Zum Anrichten**
frische Sprossen
Bachkresse (alternativ Gartenkresse)
unbehandelte Frühlingsblüten und Kräuter
2 Dip-Saucen nach Wahl

## ZUBEREITUNG

Den Tofu in Stücke schneiden. 1 TL Öl in einer Pfanne erhitzen und die Tofuwürfel goldbraun braten.
Den Spargel und Bundknoblauch putzen, den Spargel gegebenenfalls längs halbieren. Die Spitzen ganz lassen und den Rest in Stücke schneiden. 1 TL Öl in einer Pfanne erhitzen und die Spargel- und Bundknoblauchstücke kurz bissfest braten. Dann mit Salz und Pfeffer würzen. Die Karotten gegebenenfalls schälen, im restlichen Öl (1 TL) bissfest braten und mit Zucker, Salz und Pfeffer abschmecken. Das Radieschen putzen und in feine Blätter schneiden.

## ANRICHTEN

Die verschiedenen Sushi-Reis-Sorten als Stränge nebeneinander in einer Schale platzieren. Rundherum die verschiedenen Zutaten dekorativ anrichten und mit den Sprossen, der Kresse, den Blüten und Kräutern garnieren. Die gewählten Dip-Saucen in separaten Schälchen dazu servieren.

# GEBRATENES OSHI

## >> Frühlingstatar <<

ZUBEREITUNGSZEIT: **ETWA 10 MINUTEN**

FÜR 4 STÜCK

**Zusätzlich benötigt**
Oshibako (rechteckige Form, etwa 250 ml Fassungsvermögen)

**Für gebratenes Oshi »Frühlingstatar«**
120 g fertiger Sushi-Reis
4 Radieschen
1 Blatt Bärlauch
5 Blätter Löwenzahn
1 EL vorgekochte rote Linsen
frisch gepresster Zitronensaft
1 EL Olivenöl
frisch gemahlener Zitronenpfeffer
Salz
1 EL neutrales Pflanzenöl

**Zum Anrichten**
4 Zuckererbsensprossen
einige unbehandelte Löwenzahnblütenblätter
Basis-Dip-Sauce (siehe Seite 166)

### ZUBEREITUNG

Den noch warmen, marinierten Sushi-Reis in die Form drücken und zum Auskühlen beiseitestellen.
Die Radieschen putzen und sehr fein würfeln. Den Bärlauch und den Löwenzahn waschen, gut trockentupfen und klein schneiden.
Die Radieschen, den Bärlauch, den Löwenzahn, die Linsen, das Olivenöl, etwas Zitronensaft und Zitronenpfeffer verrühren und mit Salz abschmecken.
Den ausgekühlten Sushi-Reis in Würfel (etwa 2,5–3 cm Kantenlänge) schneiden. Das Öl in einer Pfanne erhitzen und die Reiswürfel auf der Ober- und Unterseite goldbraun anbraten.

### ANRICHTEN

Die Reiswürfel mit einer gebratenen Seite nach oben auf einem Teller platzieren. Das Frühlingstatar vorsichtig darauf verteilen und mit Zuckererbsensprossen und Löwenzahnblütenblättern garnieren. Die Dip-Sauce in einem separaten Schälchen dazustellen.

# FRÜHLINGS-TE-MARI

ZUBEREITUNGSZEIT: **ETWA 15 MINUTEN**

## FÜR 9 STÜCK

3 Radieschen
1 kleines Stück fermentierter Safran-Rettich (siehe Seite 168)
1 Minigurke
180 g fertiger Sushi-Reis
Wasabi (optional)

**Zum Anrichten**
3 Sonnenblumenkerne
Gari
Basis-Dip-Sauce (siehe Seite 166)

## ZUBEREITUNG

Die Radieschen putzen und aus jedem sechs dünne Scheiben schneiden. Aus den Randstücken mit einem kleinen Kugelformer drei kleine Kügelchen ausstechen und als Dekoration beiseitelegen. Aus der Minigurke 15 dünne Scheiben schneiden und diese halbieren. Aus der restlichen Gurke mit einem kleinen Blütenausstecher drei Blüten ausstechen und als Dekoration beiseitelegen. Aus dem Rettich Scheibchen schneiden und halbieren. Aus dem restlichen Rettichstück einige ganz feine Streifen schneiden und als Dekoration beiseitelegen. Aus dem Reis neun gleich große Te-Mari-Reisbällchen vorbereiten (siehe Seite 177). Auf jedes Reisbällchen nach Geschmack etwas Wasabi geben.
Je drei Te-Mari dachziegelartig mit den vorbereiteten Radieschen-, Gurken- bzw. Rettichscheiben belegen. Dann in etwas Frischhaltefolie hüllen und den Belag festdrücken.

## ANRICHTEN

Die Te-Mari auf einer Platte anrichten. Die Gurken-Te-Mari mit den beiseitegelegten Radieschenkügelchen , die Radieschen-Te-Mari mit den Rettichstreifen und die Rettich-Te-Maris mit den Gurkenblüten und je einem Sonnenblumenkern garnieren. Den Gari und die Dip-Sauce in separaten Schälchen dazu servieren.

# URA-MAKI

## >>Frühlingsunkraut<<

ZUBEREITUNGSZEIT: **ETWA 15 MINUTEN**

FÜR 6 STÜCK

**Für die Kürbiskernmayonnaise**
50 ml Mayonnaise
30 ml gutes Kürbiskernöl
20 ml Schmand oder Sauerrahm
Salz
frisch gemahlener schwarzer Pfeffer

**Für Ura-Maki »Frühlingsunkraut«**
1 Handvoll gemischte Blätter (junger Löwenzahn, Giersch und Knoblauchsrauke)
1 unbehandelte Löwenzahnblüte
½ Nori-Algenblatt
70 g fertiger roter Sushi-Reis
Wasabi (optional)

**Zum Anrichten**
2 unbehandelte Löwenzahnblüten
Kürbiskerne

### ZUBEREITUNG

#### KÜRBISKERNMAYONNAISE

Die Mayonnaise, das Kürbiskernöl und den Schmand gut miteinander verrühren und mit Salz und Pfeffer abschmecken.

#### URA-MAKI »FRÜHLINGSUNKRAUT«

Die gemischten Blätter putzen, gut waschen und sorgfältig trockentupfen. Die Löwenzahnblüten waschen, ebenfalls gut trockentupfen und in die einzelnen Blütenblätter zerzupfen. Mit dem Algenblatt und dem roten Reis eine Ura-Maki-Rolle vorbereiten (siehe Seite 174). Dabei vor dem Wenden die Blütenblätter auf dem Reis verteilen und etwas festdrücken. Dann mit den gemischten Blättern als Füllung fertigstellen. Die »Inside-out«-Rolle portionieren.

#### ANRICHTEN

Die Sushis garniert mit den Löwenzahnblüten und einigen Kürbiskernen auf einem Teller anrichten. Die Kürbiskernmayonnaise in einem separaten Schälchen dazu servieren.

# GEBACKENE BÄRLAUCH-TE-MARI

ZUBEREITUNGSZEIT: **ETWA 10 MINUTEN**

FÜR 4 STÜCK

3–4 Blätter Bärlauch
80 g fertiger Sushi-Reis
1 Ei
80 g Nudelteig
neutrales Pflanzenöl zum Frittieren

**Zum Anrichten**
Bärlauchblätter
fermentierter Rettich (siehe Seite 168)
Basis-Dip-Sauce (siehe Seite 166)

ZUBEREITUNG

Die Bärlauchblätter waschen, trockentupfen und in feine Streifen schneiden. Die Streifen unter den Sushi-Reis mischen. Das Ei verquirlen. Den Nudelteig sehr dünn ausrollen, in etwa 5 mm breite Streifen schneiden und diese locker in eine Schale geben. Den Bärlauch-Sushi-Reis zu Te-Mari (siehe Seite 177) formen. Anschließend die Te-Mari erst durch das verquirlte Ei ziehen und dann leicht in den dünnen Nudelteigstreifen rollen. Die Te-Mari sofort im heißen Öl frittieren und auf Küchenpapier etwas abtropfen lassen. Anschließend sofort servieren.

ANRICHTEN

Die gebackenen Bärlauch-Te-Mari auf je einem Bärlauchblatt anrichten. Den Rettich und die Dip-Sauce in separaten Schälchen dazu servieren.

# INARI

## *mit grünem Spargel*

ZUBEREITUNGSZEIT: **ETWA 10 MINUTEN**

### FÜR 6 STÜCK

1 Ei
1 TL neutrales Pflanzenöl
Salz
180 g fertiger Sushi-Reis
12 dünne Stangen grüner Spargel
2 EL Miso-Mayonnaise (siehe Seite 167)
6 Tofu-Taschen (aus dem Asia Shop)
2 EL fermentierter Safran-Rettich (siehe Seite 168)

**Zum Anrichten**
Asia-Salatblätter
Basis-Dip-Sauce (siehe Seite 166)

### ZUBEREITUNG

Das Ei verquirlen. Das Öl in eine heiße Pfanne geben, ein Rührei zubereiten und mit Salz abschmecken. Dann das Rührei unter den Sushi-Reis mischen.

Den Spargel putzen, 1 Minute in Salzwasser kochen, abseihen und kalt abschrecken. Anschließend die Spargelstangen trockentupfen, von den Spitzen etwa 6 cm abschneiden und den Rest der Stangen schräg in dünne Scheiben schneiden. Die Scheiben in eine Schale geben und mit der Miso-Mayonnaise vermischen. In jede Tofu-Tasche etwa 30 g Rührei-Sushi-Reis füllen, je 2 Spargelspitzen und 1 TL marinierte Spargelscheiben darauflegen. Abschließend den Safran-Rettich darauf anrichten.

### ANRICHTEN

Die Inari mit grünem Spargel auf einem Teller anrichten und mit den Salatblättern garnieren. Die Dip-Sauce in einem separaten Schälchen dazu servieren.

# URA-MAKI

## *mit grünem Spargel*

ZUBEREITUNGSZEIT: **ETWA 15 MINUTEN**

### FÜR 8–10 STÜCK

2 Scheiben Pumpernickel
3 dünne Stangen grüner Spargel
Salz
50 g Tofu Olive (alternativ geräucherter Tofu)
⅔ Nori-Algenblatt
130 g fertiger Sushi-Reis
Wasabi (optional)
2 EL BBQ-Mayonnaise (siehe Seite 167)

**Zum Anrichten**
essbare Blüten
Blutsauerampferblätter

### ZUBEREITUNG

Den Pumpernickel zerbröseln und auf einem mit Backpapier ausgekleideten Backblech ausbreiten. Die Brösel im auf 160 °C vorgeheizten Backofen (Umluft) etwa 10 Minuten trocknen.
Den Spargel putzen, mit kochendem Salzwasser überbrühen, kalt abschrecken und gut trockentupfen. Den Tofu in einen Quader, dessen Länge dem Algenblatt entspricht, zurechtschneiden.
Mit dem Algenblatt und dem Sushi-Reis eine dünne Ura-Maki-Rolle (siehe Einleitungsteil) vorbereiten. Nach dem Wenden nach Wunsch Wasabi auftupfen und mit den Spargelstangen, dem Tofu und 1 TL BBQ-Mayonnaise als Füllung fertigstellen.
Die fertige »Inside-out«-Rolle auf einer Seite in den Pumpernickel-Crunch tauchen und diesen mithilfe von Frischhaltefolie gut andrücken. Die Rolle portionieren und die restliche BBQ-Mayonnaise darüberträufeln.

### ANRICHTEN

Die Ura-Maki mit grünem Spargel anrichten und mit den Blüten und Sauerampferblättern garnieren.

### TIPP

Pumpernickel-Crunch sollte immer möglichst frisch zubereitet verwendet werden, da der Crunch bei längerer Aufbewahrung sehr hart wird.

# INARI

## mit jungen Fichtenspitzen und Balsamico-Kirschen

ZUBEREITUNGSZEIT: ETWA 15 MINUTEN

### FÜR 6 STÜCK

15 g Fichtenspitzen
240 g fertiger Sushi-Reis
150 g frische Schattenmorellen
2 EL Aceto balsamico
2 EL Fichtenwipfelsirup (siehe Seite 169)
etwas zerstoßener roter Pfeffer oder Chiliflocken
50 ml Tempurateig (siehe Seite 168)
neutrales Pflanzenöl zum Frittieren
6 Tofu-Taschen (aus dem Asia Shop)
Apfel (z. B. Gala Royal, Elstar)
1 EL neutrales Pflanzenöl
50 g Feta (aus Schafsmilch)
1 Handvoll Rucola
⅔ eines Nori-Algenblatts
130 g fertiger Sushi-Reis (Marinade mit Apfelessig aromatisiert)
Wasabi (optional)
1 TL flüssiger Honig

### ZUBEREITUNG

Ungefähr ein Drittel der Fichtenspitzen fein hacken und in den noch warmen Sushi-Reis mischen.
Die Kirschen waschen, gut trocknen, halbieren und entsteinen.
Den Essig und den Fichtenwipfelsirup in einer heißen Pfanne zum Schäumen bringen und dickflüssig einköcheln lassen. Die Kirschen und den Pfeffer bzw. die Chiliflocken zugeben und kurz durchschwenken. Dann rasch abkühlen lassen, damit die Kirschen nicht zerfallen. Die restlichen Fichtenspitzen durch den Tempurateig ziehen und im heißen Öl frittieren. Anschließend auf Küchenpapier gut abtropfen lassen.
Die Tofu-Taschen mit dem Fichtenwipfel-Sushi-Reis füllen. Die Kirschen mit etwas Sirup darauf verteilen und jeweils einige knusprig frittierte Fichtenwipfel darüberstreuen.

### ANRICHTEN

Die Sushis auf einem Teller anrichten.

### TIPP

**Bei Fichtenspitzen oder Fichtenwipfeln handelt es sich um die jungen Triebe der Fichten. Sie können von Ende April bis Ende Mai gesammelt werden. Der Geschmack ist leicht säuerlich bis erfrischend zitrusartig. Sie enthalten reichlich Vitamin C, viele Gerbstoffe und ätherische Öle. Verwendung finden sie roh und fein gehackt z. B. als Zusatz zu Kräuterquark, Salaten oder Pesto oder verarbeitet zu Fichtenwipfelsirup (siehe Seite 169).**

# HOSO-MAKI

## *mit jungen Karotten*

ZUBEREITUNGSZEIT: **ETWA 10 MINUTEN**

FÜR 6 STÜCK

3 junge Karotten
1 TL neutrales Pflanzenöl
½ TL Zucker
etwas fein geriebener Ingwer
etwas gemahlener Piment
Salz
frisch gemahlener schwarzer Pfeffer
1 quadratisches Blatt Reispapier (etwa 20 cm Kantenlänge)
einige feine Karottenblätter
80 g fertiger Safran-Curry-Sushi-Reis (siehe Seite 166)
Wasabi (optional)

**Zum Anrichten**
Basis-Dip-Sauce (siehe Seite 166)

ZUBEREITUNG

Die Karotten putzen und schälen. In einer Pfanne das Öl erhitzen und die Karotten einige Minuten langsam anbraten. Mit dem Zucker, dem Ingwer, dem Piment, Salz und Pfeffer abschmecken. Sobald der Zucker karamellisiert ist, die Karotten aus der Pfanne nehmen und zum Abkühlen beiseitestellen.
Das Reispapier kurz in lauwarmes Wasser tauchen und auf ein Schneidebrett legen. Sobald das Reispapier das Wasser aufgenommen hat – es sollte jetzt eine zähe Konsistenz haben –, mit einigen Karottenblättern belegen. Darauf den Reis verteilen, nach Wunsch etwas Wasabi auftupfen und mit den übrigen Karottenblättern sowie den gebratenen jungen Karotten als Füllung eine Hoso-Maki-Rolle formen (siehe Seite 170). Die Rolle portionieren.

ANRICHTEN

Die Hoso-Maki mit jungen Karotten anrichten und die Dip-Sauce in einem separaten Schälchen dazu servieren.

# URA-MAKI

## mit jungen Karotten, Salatherzen und Schafskäse

ZUBEREITUNGSZEIT: **ETWA 20 MINUTEN**

FÜR 8–10 STÜCK

3 junge Karotten
1 TL Olivenöl
½ TL Zucker
Salz
frisch gemahlener schwarzer Pfeffer
einige Herzblätter Kopfsalat
60 g Feta (aus Schafsmilch)
⅔ Nori-Algenblatt
130 g fertiger Sushi-Reis
etwas frisch geriebener Meerrettich

**Zum Anrichten**
grob gehackte Tortilla-Chips
junges Karottengrün
Basis-Dip-Sauce (siehe Seite 166)

### ZUBEREITUNG

Die Karotten waschen und schälen. Dann mit dem Olivenöl bestreichen, auf ein mit Backpapier ausgelegtes Backblech legen und mit dem Zucker, Salz und Pfeffer würzen. Die Karotten im auf 200 °C vorgeheizten Backofen (Ober-/Unterhitze) 10 Minuten garen. Anschließend abkühlen lassen. Die Salatblätter waschen und sorgfältig trockentupfen. Den Schafskäse in Würfel von 1 cm Kantenlänge schneiden. Mit dem Algenblatt und dem Reis eine Ura-Maki-Rolle (siehe Seite 174) vorbereiten. Nach dem Wenden den Meerrettich verteilen und mit den Karotten, den Salatblättern und dem Feta als Füllung fertigstellen. Die Rolle in 8–10 Stücke schneiden.

### ANRICHTEN

Die Ura-Maki anrichten, die Chips darüberbröseln und mit dem Karottengrün garnieren. Die Dip-Sauce in einem separaten Schälchen dazu servieren.

# FUTO-MAKI

## *mit jungem Spinat, Champignons und Gorgonzola*

ZUBEREITUNGSZEIT: **ETWA 5 MINUTEN**

FÜR 8–10 STÜCK

1 Handvoll junge Spinatblätter
3–4 Champignons
1 TL Haselnusskerne
50 g Gorgonzola
1 Nori-Algenblatt
130 g fertiger Sushi-Reis
Wasabi (optional)

**Zum Anrichten**
BBQ-Mayonnaise (siehe Seite 167)
1 essbare Frühlingsblüte

### ZUBEREITUNG

Die Spinatblätter waschen, die Stiele abzupfen und die Blätter sorgfältig trockentupfen. Die Champignons putzen und dabei die Stiele entfernen. Die Köpfe dann in feine Scheiben schneiden. Die Haselnusskerne grob hacken. Den Gorgonzola in etwa 1 cm dicke Streifen schneiden.

Mit dem Algenblatt und dem Reis eine Futo-Maki-Rolle (siehe Seite 172) vorbereiten. Dann nach Wunsch Wasabi auftupfen und mit den Spinatblättern, den Champignonscheiben, den Haselnusskernen und dem Gorgonzola als Füllung fertigstellen. Die Rolle in 8–10 Stücke schneiden.

### ANRICHTEN

Mithilfe eines Pinsels 1 EL BBQ-Mayonnaise auf dem Teller ausstreichen, die Futo-Maki-Sushis darauf anrichten und mit der Blüte garnieren. Die restliche BBQ-Mayonnaise in einem separaten Schälchen servieren.

# NIGIRI

## mit Balsamico-Mairübe und Gremolata

ZUBEREITUNGSZEIT: **ETWA 15 MINUTEN**

FÜR 4 STÜCK

**Für die Gremolata**
½ Knoblauchzehe
½ Bund glatte Petersilie
Schalenabrieb von ½ unbehandelten Zitronen
Meersalz

**Für Nigiri mit Balsamico-Mairübe**
½ Mairübe
1 TL neutrales Pflanzenöl
½ TL Zucker
1 TL Aceto balsamico
Salz
frisch gemahlener schwarzer Pfeffer
4 Halme von Knoblauchsrauke
80 g fertiger Sushi-Reis

**Zum Anrichten**
4 Blätter junge Knoblauchsrauke
Basis-Dip-Sauce (siehe Seite 166)

### ZUBEREITUNG

#### GREMOLATA

Den Knoblauch abziehen. Die Petersilie waschen, trockenschütteln, die groben Stiele entfernen und die Blätter zusammen mit dem Knoblauch fein hacken. Die Gremolata mit dem Zitronenabrieb und etwas Salz abschmecken.

#### NIGIRI MIT BALSAMICO-MAIRÜBE

Die Mairübe putzen, schälen und 4 dünne Spalten abschneiden. Das Öl in einer Pfanne erhitzen und die Spalten einige Minuten auf jeder Seite anbraten. Den Zucker zufügen und karamellisieren lassen. Anschließend mit dem Essig ablöschen und die Flüssigkeit unter Schwenken der Mairübenspalten vollständig reduzieren, bis die Spalten rundherum glaciert sind. Die Balsamico-Mairüben abkühlen lassen.
Die Halme der Knoblauchsrauke kurz blanchieren und anschließend gut trockentupfen.
Aus dem Sushi-Reis 4 Nigiri (siehe Seite 176) formen. Auf jedes Nigiri eine Balsamico-Mairübe legen und mit einem blanchierten Halm vorsichtig umwickeln.

#### ANRICHTEN

Die Blätter auf dem Teller auslegen und jeweils ein Nigiri darauf platzieren. Die Gremolata darauf anrichten. Die Dip-Sauce in einem separaten Schälchen dazu servieren.

# MINI-MAKI

## mit wildem Spargel

ZUBEREITUNGSZEIT: **ETWA 15 MINUTEN**

### FÜR 8 STÜCK

4 Blätter junger Senfkohl
24 Stangen wilder Spargel
2 grüne oder violette Spargelspitzen
1 TL neutrales Pflanzenöl
Salz
frisch gemahlener schwarzer Pfeffer
80 g fertiger Safran-Curry-Sushi-Reis (siehe Seite 166)
Wasabi (optional)

**Zum Anrichten**
1 EL Sauce hollandaise (siehe Tipp)
geschroteter roter Pfeffer
Basis-Dip-Sauce (siehe Seite 166)

### ZUBEREITUNG

Die Senfkohlblätter mit heißem Wasser überbrühen, mit kaltem Wasser abschrecken und auf Küchenpapier gut trocknen lassen. Die Stiele entfernen und diese in 1 cm dicke Streifen schneiden. Die Blätter beiseitelegen.
Den wilden Spargel putzen, die Spitzen etwa 10 cm lang abschneiden und beiseitestellen. Den Rest vom wilden Spargel in etwa 5 cm lange Stücke schneiden. Die grünen bzw. violetten Spargelspitzen längs halbieren. Das Öl in einer Pfanne erhitzen und die Reste des wilden Spargels, die Senfkohlstiele und die längs halbierten Spargelspitzen kurz anbraten. Mit Salz und Pfeffer abschmecken und abkühlen lassen.
Die 4 Senfkohlblätter separat auf einem Brett auslegen und den Sushi-Reis für 4 Futo-Maki-Rollen (siehe Seite 172) darauf verteilen. Dann nach Wunsch Wasabi auftupfen und mit je 6 Spitzen des wilden Spargels pro Rolle als Füllung fertigstellen. Die Spargelspitzen dabei so anordnen, dass jeweils 3 nach jeder Seite aus der fertigen Rolle ragen. Jede Rolle halbieren.

### ANRICHTEN

Die angebratene Mischung aus Spargel und Senfkohlstielen auf einem Teller anrichten und die Mini-Maki mit wildem Spargel darauf platzieren. Etwas Sauce hollandaise darüberträufeln und mit dem roten Pfeffer garnieren. Die Dip-Sauce in einem separaten Schälchen dazu servieren.

### TIPP

Statt ein Fertigprodukt zu verwenden, lässt sich die Sauce hollandaise ganz einfach selbst zubereiten: Dafür 120 g Butter zerlassen und lauwarm abkühlen lassen. In der Zwischenzeit 3 Eigelb mit 1 EL Wasser in eine Metallschüssel geben und verquirlen. Unter stetigem Rühren 3 EL trockenen Weißwein hinzufügen. Die Metallschüssel über ein heißes Wasserbad stellen und cremig rühren. Die Metallschüssel vom Wasserbad nehmen. Die lauwarme, flüssige Butter langsam in die Eigelb-Weißwein-Mischung rühren. Mit Salz, Pfeffer und Zitronensaft abschmecken.

# NIGIRI

## mit weißem Spargel und Radieschenblätter-Pesto

ZUBEREITUNGSZEIT: **ETWA 20 MINUTEN**

### FÜR 4 STÜCK

**Für das Radieschenblätter-Pesto**
frische Blätter von einem Bund Radieschen
2 EL geröstete Sonnenblumenkerne
1 Knoblauchzehe
3 EL Olivenöl
1 EL fein geriebener Parmesan
Salz

**Für Nigiri mit weißem Spargel**
4 Spargelspitzen (7–8 cm lang)
1 TL neutrales Pflanzenöl
80 g fertiger violetter Sushi-Reis (siehe Seite 166)
4 Streifen Nori-Algenblatt (1 cm breit)

**Zum Anrichten**
1 Radieschen
Basis-Dip-Sauce (siehe Seite 166)

### ZUBEREITUNG

#### RADIESCHENBLÄTTER-PESTO

Die Radieschenblätter putzen, waschen und trockenschütteln. Die Blätter dann zusammen mit den restlichen Zutaten in einen Standmixer füllen und fein pürieren. Mit Salz abschmecken.

#### NIGIRI MIT WEISSEM SPARGEL

Die Spargelspitzen längs halbieren. Das Öl in einer Pfanne erhitzen und die Spargelspitzen darin anbraten. Alternativ können sie auch 1–2 Minuten auf dem Grill gebraten werden. Anschließend abkühlen lassen.
Aus dem Sushi-Reis 4 Nigiri-Sushis (siehe Seite 176) formen. Jeweils 2 Spargelspitzen darauflegen und mit je einem Streifen Algenblatt umwickeln. Das Ende des Algenblatts mit einem Reiskorn festkleben.

#### ANRICHTEN

Das Radieschen putzen und in 4 Spalten schneiden. Die Nigiri-Sushis anrichten und mit je ½ TL Radieschenblätter-Pesto und einer Radieschenspalte garnieren. Die Dip-Sauce in einem separaten Schälchen dazu servieren.

# FUTO-MAKI

## mit weißem Spargel

ZUBEREITUNGSZEIT: **ETWA 10 MINUTEN**

FÜR 8–10 STÜCK

**Für die Eierpfannkuchen**
1 Ei
½ TL Zucker
1 EL Mirin
Salz
1 TL neutrales Pflanzenöl
1 EL Doppelrahmfrischkäse

**Für die Futo-Maki mit weißem Spargel**
1 dicke oder 2 dünne Stangen weißer Spargel
1 TL neutrales Pflanzenöl
1 Handvoll Brunnenkresse
1 Nori-Algenblatt
130 g fertiger Sushi-Reis
Wasabi (optional)

**Zum Anrichten**
1 TL Orangen-Teriyaki-Sauce (siehe Seite 166)
Brunnenkresse

### ZUBEREITUNG

### EIERPFANNKUCHEN

Alle Zutaten mit einem Schneebesen verrühren. In einer geölten Pfanne (20 cm Durchmesser) einen dünnen, hellen Pfannkuchen backen. Den Pfannkuchen nach dem Auskühlen mit dem Frischkäse bestreichen und einrollen.

### FUTO-MAKI MIT WEISSEM SPARGEL

Den Spargel längs halbieren und auf die Breite des Algenblatts ablängen. Das Öl in einer Pfanne erhitzen und den Spargel darin anbraten. Alternativ kann er auch 1–2 Minuten auf dem Grill gebraten werden. Anschließend abkühlen lassen.
Mit dem Algenblatt und dem Sushi-Reis eine Futo-Maki-Rolle (siehe Seite 172) vorbereiten. Dann nach Wunsch Wasabi auftupfen und mit dem eingerollten Frischkäse-Pfannkuchen, dem Spargel und der Brunnenkresse als Füllung fertigstellen. Die Futo-Maki-Rolle in 8–10 Stücke portionieren.

### ANRICHTEN

Die Futo-Maki-Sushis auf dem Teller anrichten, etwas Orangen-Teriyaki-Sauce darüberträufeln und mit etwas Brunnenkresse garnieren. Die restliche Dip-Sauce in einem separaten Schälchen dazu servieren.

おてもと

# Sommer

# FUTO-MAKI

## *mit Aprikose und Fenchel*

ZUBEREITUNGSZEIT: ETWA 10 MINUTEN

### FÜR 8–10 STÜCK

2 Aprikosen
50 g geputzter Fenchel
50 g geputzte rote Spitzpaprikaschote
Kardamom
fein geriebener Ingwer
Salz
frisch gemahlener schwarzer Pfeffer
1 Nori-Algenblatt
130 g fertiger Sushi-Reis
Wasabi (optional)

**Zum Anrichten**
Basis-Dip-Sauce (siehe Seite 166) oder Chilisauce (siehe Seite 167)

### ZUBEREITUNG

Die Aprikosen waschen, gut trocknen und halbieren. Dann den Stein entfernen und das Fruchtfleisch in Spalten schneiden. Den Fenchel in sehr dünne Scheiben schneiden, auf eine Platte legen und mit etwas Kardamom, dem Ingwer, Salz sowie Pfeffer würzen und vermischen. Die Paprikaschoten ebenfalls in feine Streifen schneiden. Mit dem Algenblatt und dem Sushi-Reis eine Futo-Maki-Rolle (siehe Seite 172) vorbereiten. Dann nach Belieben Wasabi auftupfen und mit den Aprikosen, dem Fenchel und dem Paprika als Füllung fertigstellen. Die Futo-Maki-Rolle in 8–10 Stücke schneiden.

### ANRICHTEN

Die Futo-Maki-Sushis anrichten und die gewählte Dip-Sauce in einem separaten Schälchen dazu servieren.

# ONIGIRI

## mit Artischocken

ZUBEREITUNGSZEIT: ETWA 20 MINUTEN

### FÜR 4 STÜCK

3 Artischockenböden (frisch gegart oder Konserve)
1 hart gekochtes Ei
2 EL Crème fraîche
1 TL gehackte, glatte Petersilie
1 TL fein geschnittene rote Zwiebel
1 unbehandelte Zitrone
Salz
frisch gemahlener schwarzer Pfeffer
½ Nori-Algenblatt
280 g fertiger Grünkern-Sushi-Reis

**Zum Anrichten**
Basis-Dip-Sauce (siehe Seite 166)

### ZUBEREITUNG

Die Artischockenböden in etwa 1 cm große Würfel schneiden. Das Ei schälen, das Eiweiß entfernen und anderweitig verwenden. Das Eigelb fein hacken. Die Zitrone heiß abwaschen und abtrocknen. Dann die Schale fein abreiben und den Saft auspressen. Die Artischocken, das Eigelb, die Crème fraîche, die Petersilie und die Zwiebeln in einer Schale vermischen. Mit etwas Zitronensaft und -abrieb sowie Salz und Pfeffer würzen und nochmals vermischen. Aus dem Algenblatt 4 jeweils etwa 3 cm breite und 10 cm lange Streifen schneiden. Mit dem Sushi-Reis 4 Onigiri (siehe Seite 182) mit der Artischockenmischung als Füllung vorbereiten. Abschließend die Onigiri quer mittig auf die Algenblattstreifen stellen und die Enden seitlich hochklappen.

### ANRICHTEN

Die Onigiri-Sushis anrichten und die restliche Artischockenfüllung sowie die Dip-Sauce in einem separaten Schälchen dazu servieren.

### TIPP

Beim Untermischen von zusätzlichen Getreidesorten unter den Sushi-Reis muss beachtet werden, dass der Anteil 20 % der Gesamtmenge nicht überschreitet. Anderenfalls verändert sich die erwünschte klebrige Konsistenz zu sehr. Zudem müssen gegebenenfalls unterschiedliche Kochzeiten berücksichtigt werden. Bei deutlich längerer Kochzeit sollte das Getreide vorher eingeweicht werden (z. B. schwarzer Klebreis).

# NIGIRI

## *mit Babymaiskolben*

ZUBEREITUNGSZEIT: **ETWA 10 MINUTEN**

### FÜR 4 STÜCK

4 frische Babymaiskolben
1 EL Ahornsirup-Sauce (siehe Seite 167)
⅓ Nori-Algenblatt
80 g fertiger Sushi-Reis

**Zum Anrichten**
4 Blätter Knoblauchsrauke
Basis-Dip-Sauce (siehe Seite 166)

### ZUBEREITUNG

Die Babymaiskolben längs halbieren, auf etwa 7–8 cm Länge abschneiden und in eine kleine ofenfeste Schale legen. Anschließend den Mais mit der Ahornsirup-Sauce bestreichen und im auf 240 °C vorgeheizten Backofen (Oberhitze) 1 Minute backen oder mit einem Küchenbunsenbrenner abflämmen.
Aus dem Algenblatt 4 etwa 1 cm breite und 10 cm lange Streifen schneiden. Mit dem Sushi-Reis 4 Nigiri-Sushis (siehe Seite 176) vorbereiten. Je 2 Maiskolbenhälften mit der Schnittfläche nach unten auflegen und mit einem Streifen Algenblatt fixieren. Dabei das überlappende Ende mit einem Reiskorn festkleben.

### ANRICHTEN

Die Nigiri-Sushis auf den Knoblauchsraukeblättern anrichten.

# FUTO-MAKI

## mit gebackenem Blumenkohl und Spicy-Granola-Crunch

ZUBEREITUNGSZEIT: ETWA 20 MINUTEN

### FÜR 8–10 STÜCK

**Für den Spicy-Granola-Crunch**
2 EL flüssiger Honig
2 EL neutrales Pflanzenöl
1 EL Sojasauce
1 EL Zitronensaft
1 TL fein geschnittener Ingwer
½ TL Baharat-Gewürzmischung
Chiliflocken
3 EL kernige Haferflocken
1 EL Sonnenblumenkerne

**Für Futo-Maki**
¼ Blumenkohl
1 Knoblauchzehe
½ Schalotte
1 kleines Stück Ingwer
100 ml Naturjoghurt (3,5 % Fettgehalt)
1 TL Zitronensaft
¼ TL gemahlener Kreuzkümmel
½ TL gemörserte Koriandersamen
½ TL gemahlene Kurkuma
1 Msp. gemahlene Nelken
Salz
1 Zucchini
1 TL neutrales Pflanzenöl
130 g fertiger violetter Sushi-Reis (siehe Seite 166)

**Zum Anrichten**
frische Minze
Basis-Dip-Sauce (siehe Seite 166)

### ZUBEREITUNG

#### SPICY-GRANOLA-CRUNCH

Den Honig, das Öl, die Sojasauce, den Zitronensaft, den Ingwer, das Baharat und die Chiliflocken verrühren. Dann die Haferflocken und die Sonnenblumenkerne unterrühren. Das Ganze etwa 1 cm dick auf ein mit Backpapier ausgelegtes Backblech streichen und im auf 150 °C vorgeheizten Backofen (Ober-/Unterhitze) etwa 30 Minuten backen. Währenddessen gelegentlich mit einer Gabel durchrühren, damit eine gleichmäßige Bräunung entsteht. Dann den Crunch auskühlen lassen und vor der Weiterverwendung zerbröseln. Zur Aufbewahrung verschlossen, kühl und trocken lagern.

#### FUTO-MAKI MIT GEBACKENEM BLUMENKOHL

Den Blumenkohl waschen, trocknen und in kleine Röschen zerteilen. Den Knoblauch und die Schalotte abziehen, die Ingwerschale abschaben und alles sehr fein schneiden. Aus dem Joghurt, der Schalotte, dem Knoblauch, dem Ingwer, dem Zitronensaft und den Gewürzen eine Marinade zubereiten und mit Salz abschmecken. Die Blumenkohlröschen durch die Marinade ziehen und nebeneinander auf ein mit Backpapier ausgelegtes Backblech legen. Den Blumenkohl im auf 200 °C vorgeheizten Backofen (Ober-/Unterhitze) etwa 15 Minuten goldbraun und trocken backen. Anschließend komplett auskühlen lassen.

Die Zucchini waschen und abtrocken. Mithilfe eines Sparschälers 8–10 dünne, gleichmäßige Streifen abschneiden, dabei die äußeren Streifen verwerfen. Eine Pfanne mit dem ÖL ausstreichen und erhitzen. Die Zucchinistreifen kurz anbraten, damit sie biegsam werden, und dann auf Küchenpapier auskühlen lassen.

Die Makiso mit Frischhaltefolie belegen und die Zucchinistreifen anstelle des Algenblatts überlappend auslegen. Dann mit dem Sushi-Reis eine Futo-Maki-Rolle (siehe Seite 172) vorbereiten und mit dem gebackenen Blumenkohl als Füllung fertigstellen. Die Futo-Maki-Rolle in 8–10 Stücke portionieren.

#### ANRICHTEN

Die Sushis mit gebackenem Blumenkohl anrichten und mit dem Granola-Crunch bestreuen. Mit Minzeblättern dekorieren.

### TIPP

Für den Crunch können Sie auch Kürbiskerne statt Haferflocken und Sonnenblumenkerne verwenden.

# GUNKAN-MAKI

## *mit Brokkoli und Belugalinsen*

ZUBEREITUNGSZEIT: **10 MINUTEN FÜR GUNKAN-MAKI PLUS 12 STUNDEN QUELLZEIT FÜR DIE BELUGALINSEN**

### FÜR 4 STÜCK

3 EL Belugalinsen
30 g Brokkoliröschen
1 kleine Schalotte
1 kleine Rispentomate
einige Halme Schnittknoblauch
1 unbehandelte Limette
1 TL Olivenöl
Salz
frisch gemahlener schwarzer Pfeffer
80 g fertiger Sushi-Reis
4 dünne Streifen Salatgurke (etwa 15 cm lang)
1 EL Crème fraîche

**Zum Anrichten**
4 Halme Schnittknoblauch
8 Streifen rote Paprikaschote
Basis-Dip-Sauce (siehe Seite 166, optional)

### ZUBEREITUNG

Die Belugalinsen über Nacht einweichen und dann laut Packungsanleitung kochen und abseihen.
Den Brokkoli in kleine Röschen zupfen, kurz blanchieren, kalt abschrecken und mit Küchenpapier gut abtrocknen. Die Schalotte abziehen, die Tomate entkernen und beide fein würfeln. Den Schnittknoblauch in feine Röllchen schneiden. Die Limette heiß abwaschen und abtrocknen. Dann die Schale fein abreiben und den Saft auspressen. Den Brokkoli, die Linsen, die Tomate, die Schalotte und das Olivenöl gut vermischen. Anschließend mit dem Schalenabrieb und dem Saft der Limetten sowie Salz und Pfeffer abschmecken.
Aus je 20 g Reis und einem Gurkenstreifen 4 Gunkan-Maki (siehe Seite 178) formen. Erst etwas Crème fraîche, dann die vorbereitete Füllung in den Hohlraum geben.

### ANRICHTEN

Die Gunkan-Maki-Sushis anrichten und mit den Schnittknoblauchhalmen und den Paprikastreifen garnieren. Nach Wunsch die Dip-Sauce in einem separaten Schälchen dazu servieren.

### TIPP

**Wenn die Brokkoli-Linsen-Füllung gut abgeschmeckt ist, wird für diese Variante nicht unbedingt eine Dip-Sauce benötigt. Mit ein paar Tropfen Chilisauce kann nach Wunsch etwas nachgeschärft werden.**

# NIGIRI

## mit Cajun-Auberginen

ZUBEREITUNGSZEIT: **ETWA 30 MINUTEN**

### FÜR 4 STÜCK

½ Aubergine
Salz
1 TL Cajun-Gewürzmischung
1 Bund Schnittlauch
1 TL neutrales Pflanzenöl
80 g fertiger Sushi-Reis

**Zum Anrichten**
Cajun-Gewürzmischung
frischer Thymian
Basis-Dip-Sauce (siehe Seite 166) oder Chilisauce (siehe Seite 167)

### ZUBEREITUNG

Die Auberginen schälen und 4 nicht zu dünne Scheiben (etwa 7 × 2 cm) abschneiden. Die Auberginenscheiben salzen und etwa 20 Minuten beiseitestellen. Dann das Salz abspülen, mit Küchenpapier sorgfältig trockentupfen und auf beiden Seiten mit der Gewürzmischung einreiben. Den Schnittlauch waschen und gut trockenschütteln. Anschließend die Halme auf 3 cm Länge schneiden. Das Öl in einer Pfanne erhitzen und die Auberginen auf beiden Seiten scharf anbraten. Die Auberginen aus der Pfanne nehmen und auf Küchenpapier abtropfen lassen. Dann die Schnittlauchhalme kurz in der Pfanne schwenken.
Aus dem Reis 4 Nigiri-Sushis formen (siehe Seite 176). Jedes Sushi mit einer Auberginenscheibe und einigen Schnittlauchhalmen fertigstellen.

### ANRICHTEN

Die Nigiri mit Cajun-Auberginen anrichten und mit etwas Cajun-Gewürzmischung und frischem Thymian garnieren. Die gewählte Dip-Sauce in einem separaten Schälchen dazu servieren.

### TIPP

Der Begriff »Cajun« bezeichnete ursprünglich eine seit dem 18. Jahrhundert in Louisiana lebende französischstämmige Bevölkerungsgruppe. Mittlerweile ist »Cajun« aber eine Bezeichnung für die typische Küche aus dem Mississippi-Delta mit Zutaten wie z. B. Süßkartoffeln, Reis, Flusskrebsen und Fisch für die Zubereitung der klassischen Gerichte Jambalaya oder Gumbo. Die Cajun-Gewürzmischung für die Zubereitung dieser Gerichte besteht als Basis meist aus schwarzem Pfeffer, Paprika, Zwiebeln und Knoblauch. Dazu können z. B. Thymian, Muskatnuss, Kümmel, Oregano, Chili oder Zimt gemischt werden.

# GUNKAN-MAKI

## >>Der Wald ruft<<

ZUBEREITUNGSZEIT: **ETWA 20 MINUTEN**

### FÜR 4 STÜCK

**Für den Schokoladenpfannkuchen**
50 g dunkle Schokolade (mindestens 50 % Kakaogehalt)
100 ml Vollmilch
1 Ei
Salz
1 TL Zucker
40 g Mehl Type 405
neutrales Pflanzenöl

**Für Gunkan-Maki »Der Wald ruft«**
80 g nicht marinierter Sushi-Reis
2 TL Fichtenwipfelsirup (siehe Seite 169)
Salz
80 g verschiedene Waldbeeren

**Zum Anrichten**
1 EL frischer eingekochter Orangensaft
1 TL pürierte Himbeeren
Walderdbeerblüten und -blätter

### ZUBEREITUNG

### SCHOKOLADENPFANNKUCHEN

Die Schokolade grob hacken. Die Milch erwärmen und die Schokolade darin schmelzen. Die Mischung etwas abkühlen lassen und die restlichen Zutaten mit einem Schneebesen untermischen. Etwas Öl in einer Pfanne (20 cm Durchmesser) erhitzen und sehr dünne Pfannkuchen herstellen. Die Pfannkuchen auf Küchenpapier abtropfen lassen.

### GUNKAN-MAKI»DER WALD RUFT«

Den noch heißen Sushi-Reis mit 1 TL Fichtenwipfelsirup und etwas Salz würzen. Danach wie bei der Zubereitung von Sushi-Reis beschrieben (siehe Basisrezepte) weiter vorgehen.
Einen Schokoladenpfannkuchen in 4 Streifen von je etwa 3–4 cm Breite schneiden. Die Waldbeeren putzen, waschen und gut trocknen. Aus dem Reis 4 Gunkan-Maki vorbereiten (siehe Seite 178), mit je einem Pfannkuchenstreifen umwickeln und die überlappenden Enden mit einem zerquetschten Reiskorn verkleben. Den Reis etwas nach unten drücken und die Waldbeeren in den Hohlraum füllen. Den restlichen Fichtenwipfelsirup (1 TL) auf die Gunkan-Maki verteilen.

### ANRICHTEN

4 TL Orangensaft auf die Teller geben, jeweils einen Tropfen Himbeerpüree darauftäufeln und beides etwas verstreichen. Die Gunkan-Maki-Sushi anrichten und mit den Blüten und Blättern garnieren.

# URA-MAKI

>>Echt Steirisch<<

ZUBEREITUNGSZEIT: ETWA 30 MINUTEN

## FÜR 8–10 STÜCK

70 g Käferbohnen (Konserve)
½ rote Zwiebel
½ Bund Schnittlauch
2 Zweige Thymian
1 EL Rotweinessig
1 EL Kürbiskernöl
Salz
frisch gemahlener schwarzer Pfeffer
¼ gelbe Paprikaschote
¼ rote Paprikaschote
1 dicke Zucchini
1 TL neutrales Pflanzenöl
Salz
frisch gemahlener schwarzer Pfeffer
1 TL gehackte, geröstete Kürbiskerne
⅔ Nori-Algenblatt
130 g fertiger Sushi-Reis
1 TL frisch geriebener Meerrettich

**Zum Anrichten**
Schnittlauchblüten
Basis-Dip-Sauce (siehe Seite 166)

## ZUBEREITUNG

Die Käferbohnen in ein Sieb geben, gut abspülen und anschließend gut abtrocknen lassen. Die Zwiebel abziehen und fein würfeln. Den Schnittlauch waschen, trockenschütteln und in feine Röllchen schneiden. Den Thymian waschen, trockenschütteln und die Blättchen abzupfen. Die Bohnen zusammen mit den Zwiebeln, dem Schnittlauch, den Thymianblättchen, dem Essig und dem Kürbiskernöl in eine Schüssel geben und gut vermischen. Mit Salz und Pfeffer abschmecken und zum Durchziehen beiseitestellen.
Die Paprikaschoten waschen, entkernen, gut trocknen und in Streifen schneiden. Die Zucchini längs halbieren und aus jeder Hälfte längs eine 1 cm dicke Scheibe schneiden. Das Öl in einer Pfanne erhitzen und die Zucchinischeiben auf beiden Seiten kurz scharf anbraten, mit Salz und Pfeffer würzen und auskühlen lassen.
Mit dem Algenblatt und dem Reis eine Ura-Maki-Rolle (siehe Seite 174) vorbereiten. Nach dem Wenden mit dem Meerrettich und dem Paprika als Füllung fertigstellen. Abschließend die Zucchinistreifen auf die Länge der Rolle zurechtschneiden und diese damit bedecken. Die Ura-Maki-Rolle in 8–10 Stücke schneiden.

## ANRICHTEN

Die Ura-Maki-Sushis zusammen mit den Käferbohnen anrichten und mit den Schnittlauchblüten garnieren.

# FRITTIERTE TE-MARI

## mit süßen Paprikaschoten

ZUBEREITUNGSZEIT: **ETWA 40 MINUTEN**

### FÜR 6 STÜCK

2 rote Paprikaschoten
½ unbehandelte Orange
2 EL Ahornsirup-Sauce (siehe Seite 167)
120 g fertiger Sushi-Reis
Wasabi (optional)
neutrales Pflanzenöl zum Frittieren

**Zum Anrichten**
1 EL Mayonnaise

### ZUBEREITUNG

Die Paprikaschoten waschen, abtrocknen, halbieren, putzen und entkernen. Die Schoten mit der Schnittfläche nach unten auf ein mit Backpapier ausgekleidetes Backblech legen und auf der mittleren Schiene im auf 200 °C vorgeheizten Backofen (Ober-/Unterhitze) 20 Minuten garen. Anschließend die Schoten einige Minuten abgedeckt in einer Schüssel ruhen lassen, damit sich die Haut anschließend leichter abziehen lässt. Die Schoten dann häuten und in 2–3 cm breite Stücke schneiden.

Die Orange heiß abwaschen und abtrocknen. Dann einige Zesten von der Orangenschale abziehen und als Garnitur beiseitelegen. Den Saft auspressen und zusammen mit der Ahornsirup-Sauce dickflüssig einkochen.

Nach Wunsch mit Wasabi 6 Te-Mari-Bällchen aus dem Reis formen (siehe Seite 177), im heißen Öl hellbraun frittieren und auf Küchenpapier abtropfen lassen.

### ANRICHTEN

6 Paprikastücke auf beiden Seiten mit der Ahornsirup-Orangen-Reduktion bestreichen und auf einem Teller auslegen. Die Te-Mari-Sushis darauf anrichten und mit einem Tupfer Mayonnaise und den beiseitegestellten Orangenzesten garnieren.

# OSHI

## *mit gegrilltem Gemüse*

ZUBEREITUNGSZEIT: ETWA 20 MINUTEN

### FÜR 6–8 STÜCK

**Zusätzlich benötigt**
Oshibako (rechteckige Form, etwa 250 ml Fassungsvermögen)

**Für Oshi mit gegrilltem Gemüse**
180 g fertiger Sushi-Reis
1 TL gehackte gemischte Kräuter (z. B. glatte Petersilie, Schnittlauch, Thymian etc.)
30 g Zuckererbsen
1 EL Olivenöl
½ rote Paprikaschote
½ gelbe Paprikaschote
½ Zwiebel
¼ Zucchini
8 Senfkohlblätter
etwas neutrales Pflanzenöl zum Grillen der Gemüse
Salz
frisch gemahlener schwarzer Pfeffer

**Für die Tuiles**
60 ml neutrales Pflanzenöl
20 g Mehl
1 TL Puderzucker
Salz

**Zum Anrichten**
kleine Tuile-Stücke
Basis-Dip-Sauce (siehe Seite 166)

### ZUBEREITUNG

Die Hälfte des ausgekühlten Sushi-Reises mit den gehackten Kräutern vermischen. Die Zuckererbsen waschen, putzen und gut abtrocknen. Dann zusammen mit dem Olivenöl pürieren und dann beiseitestellen.
Die Paprikaschoten waschen, putzen, entkernen und grob schneiden. Die Zwiebel abziehen und in Spalten (5 mm) schneiden. Die Zucchini waschen, trocknen und in 5 mm dicke Scheiben schneiden. Die Senfkohlblätter waschen und trockentupfen. Das Gemüse und die Senfkohlblätter mit etwas Pflanzenöl auf beiden Seiten grillen oder in einer Grillpfanne braten und mit Salz und Pfeffer würzen.
Für die Oshi-Sushis die Form mit den Senfkohlblättern auslegen. Dann erst den weißen Sushi-Reis in der Form verteilen und leicht andrücken (siehe Seite 186). Anschließend das gegrillte Gemüse verteilen und mit dem Kräuter-Sushi-Reis abschließen. Das Ganze leicht andrücken und die freien Enden der Senfkohlblätter einschlagen. Dann die Form stürzen und in 6–8 Stücke schneiden.
Für die Tuiles das Pflanzenöl mit dem Mehl und dem Puderzucker in eine Schüssel geben. Mit 150 ml Wasser zu einem glatten Teig rühren. Eine antihaftbeschichtete Pfanne bei mittlerer Temperatur erhitzen. 1–2 EL des Tuile-Teigs hineingeben und 1½–2 Minuten trocknen, bis der Teig fest geworden ist. (Der Tuile-Teig muss in der Pfanne sofort löchrig werden und blubbern. Ist das nicht der Fall, ist die Pfanne nicht heiß genug.) Vorsichtig mit einem Spatel herausnehmen und abkühlen lassen. Dann in kleine Stücke brechen.

### ANRICHTEN

Die Oshi-Sushis anrichten und jeweils einen Tupfer Zuckererbsenpüree darauf platzieren. Mit einem Stück Tuile garnieren und die Dip-Sauce in einem separaten Schälchen dazu servieren.

# GUNKAN-MAKI

## *mit Aprikosenrelish*

ZUBEREITUNGSZEIT: **10 MINUTEN FÜR DIE GUNKAN-MAKI**

### FÜR 4 STÜCK

1–2 Aprikosen
1 Stängel frischer Koriander
4–5 Blätter Minze
1 TL flüssiger Honig
etwas fein geschnittene Chilischote
1 Spritzer Zitronensaft
½ Salatgurke (etwa 15 cm lang)
80 g fertiger Sushi-Reis

**Zum Anrichten**
Korianderblätter
Basis-Dip-Sauce (siehe Seite 166) oder Chilisauce (siehe Seite 167)

### ZUBEREITUNG

Die Aprikosen waschen, trockentupfen, den Stein entfernen und das Fruchtfleisch in kleine Würfel schneiden. Den Koriander und die Minze waschen, trockentupfen und fein hacken. Die Aprikosenwürfel, den Koriander, die Minze, den Honig, nach Geschmack Chili und den Zitronensaft vermischen. Aus der Salatgurke 4 dünne, etwa 15 cm lange Streifen schneiden.
Aus dem Reis 4 ovale Bällchen für Gunkan-Maki (siehe Seite 178) vorbereiten und mit jeweils einem Gurkenstreifen umwickeln, dabei die Überlappungsstelle mit einem Reiskorn verkleben. Den Reis etwas nach unten drücken und in den Hohlraum das Aprikosenrelish einfüllen.

### ANRICHTEN

Die Gunkan-Maki-Sushis anrichten und mit Korianderblättern garnieren.

# GUNKAN-MAKI

## mit Ratatouille

ZUBEREITUNGSZEIT: **ETWA 30 MINUTEN**

### FÜR 4 STÜCK

**Für feines Ratatouille**
50 g Tomate
50 g Zucchini
50 g Aubergine
50 g rote Paprikaschote
50 g gelbe Paprikaschote
1 kleine Knoblauchzehe
½ Schalotte
1 TL Olivenöl
1 TL Aceto balsamico
Salz
frisch gemahlener schwarzer Pfeffer
einige Blätter gemischte mediterrane Kräuter (z. B. Basilikum, Oregano und Rosmarin)

**Für Gunkan-Maki mit Ratatouille**
1 Stange Staudensellerie
1 TL mediterrane Kräuter (z. B. Basilikum, Oregano und Rosmarin)
½ Knoblauchzehe
2 EL Crème fraîche
Salz
frisch gemahlener schwarzer Pfeffer
80 g fertiger Sushi-Reis
80 g feines Ratatouille

**Zum Anrichten**
1 EL Balsamico-Glaze
mediterrane Kräuter (z. B. Basilikum, Oregano und Rosmarin)
1 essbare Blüte

### ZUBEREITUNG

#### FEINES RATATOUILLE

Das Gemüse waschen, trockentupfen, putzen und die Tomate und den Paprika entkernen. Den Knoblauch und die Schalotte abziehen. Alles fein würfeln. Das Öl in einer Pfanne erhitzen und den Knoblauch und die Schalotte anbraten. Dann das restliche Gemüse zugeben und etwa 1 Minute anbraten. Anschließend mit dem Essig ablöschen und mit Salz und Pfeffer abschmecken. Das Ratatouille abkühlen lassen. Die Kräuter waschen, trockentupfen, fein hacken und untermischen.

#### GUNKAN-MAKI MIT RATATOUILLE

Die Fasern des Staudenselleries abziehen. Dann mithilfe eines Sparschälers längs 15–20 cm lange Streifen abschälen. Die Kräuter waschen, trockentupfen und fein hacken. Den Knoblauch abziehen und fein hacken. Die Crème fraîche mit den Kräutern und dem Knoblauch verrühren und mit Salz und Pfeffer abschmecken.
Aus dem Reis 4 ovale Bällchen für Gunkan-Maki (siehe Seite 178) vorbereiten und mit jeweils einem Selleriestreifen umwickeln, dabei die Überlappungsstelle mit einem Reiskorn verkleben. Den Reis etwas nach unten drücken und in den Hohlraum das Ratatouille einfüllen.

#### ANRICHTEN

4 Tupfer Kräuter-Crème-fraîche auf den Teller auftragen und einen Tropfen Balsamico-Glaze darauf träufeln. Die Gunkan-Maki-Sushis darauf anrichten und mit den Kräutern und der Blüte garnieren.

# MAKI

## mit Hirse und Heidelbeeren

ZUBEREITUNGSZEIT: ETWA 10 MINUTEN

### FÜR 6 STÜCK

½ Bund Petersilie
4–5 Blätter Minze
¼ Schalotte
50 g frische Heidelbeeren
3 EL gegarte Goldhirse
1 EL Doppelrahmfrischkäse
½ TL fein geriebener Ingwer
Chiliflocken (nach Geschmack)
1 TL Zitronensaft
Salz
1 Vollkorn-Tortilla (20–24 cm Durchmesser)
100 g violetter Sushi-Reis (siehe Seite 166)
6 frische, kleine Senfkohlblätter

**Zum Anrichten**
6 Cocktailspieße
6 Heidelbeeren
Minze
glatte Petersilie
Basis-Dip-Sauce (siehe Seite 166)

### ZUBEREITUNG

Die Petersilie und die Minzblätter waschen, gut trocknen und fein hacken. Die Schalotte abziehen und fein würfeln. Die Heidelbeeren waschen und gut trockentupfen. Die Petersilie, die Minze, die Schalotten und die Heidelbeeren zusammen mit der Goldhirse, dem Frischkäse, dem Ingwer, den Chiliflocken und dem Zitronensaft vorsichtig gut vermischen, ohne dabei die Heidelbeeren zu zerquetschen, und mit Salz abschmecken. Die Tortilla rechteckig zurechtschneiden. Das Tortilla-Blatt mit dem Sushi-Reis und den Senfkohlblättern wie für eine Futo-Maki-Rolle (siehe Seite 172) bedecken und mit der Heidelbeermischung als Füllung fertigstellen. Die überlappenden Enden der Tortilla mit Reiskörnern festkleben. Die Rolle in 6 Stücke schneiden.

### ANRICHTEN

Durch jedes Sushi einen Cocktailspieß stecken und eine Heidelbeere darauf fixieren. Die Sushis anrichten, mit den Kräutern garnieren und die Dip-Sauce in einem separaten Schälchen dazu servieren.

### TIPP

**Damit der Reis besser auf ihr haftet, kann die Tortilla vorher ganz dünn mit etwas Frischkäse eingestrichen werden.**

# URA-MAKI

>>Hot Summer<<

ZUBEREITUNGSZEIT: ETWA 40 MINUTEN

## FÜR 8–10 STÜCK

**Für die Tempura-»Graupen«**
1 Rezept Tempurateig (siehe Seite 168)
neutrales Pflanzenöl zum Frittieren

**Für Ura-Maki »Hot Summer«**
1–2 Streifen Aubergine (1 cm dick)
Salz
2 EL Ahornsirup-Sauce (siehe Seite 167)
2 Streifen Zucchini (in der Länge des Algenblatts)
2 Streifen Karotte (in der Länge des Algenblatts)
1 Röschen Brokkoli
2–3 Blätter Radicchio
1 EL Miso-Mayonnaise (siehe Seite 167)
1 EL Chilisauce (siehe Seite 167)
⅔ Nori-Algenblatt
130 g fertiger Sushi-Reis

**Zum Anrichten**
1 kleine rote Chilischote
grüne Anteile von 2 Frühlingszwiebeln
1 EL Tempura-»Graupen«

### TIPP

Beim Füllen der Rolle die scharfe Mischung aus Miso-Mayonnaise und Chilisauce am besten über dem Brokkoli verteilen, da dieser ideal zum Aufsaugen der Sauce ist.

## ZUBEREITUNG

### TEMPURA-»GRAUPEN«

Den Tempurateig etwas flüssiger herstellen als im Rezept beschrieben. Das Öl erhitzen. Mit den Fingern in den Teig tauchen und diesen dann vorsichtig in das heiße Öl tropfen lassen. Dabei immer nur kleine Portionen auf einmal frittieren, da die Graupen sonst verkleben. Die knusprig hellbraunen Graupen mit dem Schaumlöffel herausheben, abtropfen lassen und zum Abkühlen auf Küchenpapier geben.

### URA-MAKI »HOT SUMMER«

Die Auberginenscheiben schälen, einsalzen und etwa 20 Minuten beiseitestellen. Dann das Salz abspülen und die Auberginen sorgfältig trockentupfen. Die Scheiben auf beiden Seiten mit Ahornsirup-Sauce bestreichen und auf einem mit Backpapier belegten Backblech im auf 180 °C vorgeheizten Backofen (Ober-/Unterhitze) 5 Minuten backen. Dann die Aubergine erneut mit der Ahornsirup-Sauce bestreichen und weitere 5 Minuten backen. Anschließend auskühlen lassen.
Die Zucchini- und Karottenstreifen sowie den Brokkoli goldbraun grillen (alternativ in einer Grillpfanne braten). Den Brokkoli anschließend noch etwas zerteilen. Den Radicchio waschen, trockentupfen und in feine Streifen schneiden. Die Miso-Mayonnaise und die Chilisauce verrühren. Aus dem Algenblatt und dem Reis eine Ura-Maki-Rolle (siehe Seite 174) vorbereiten und mit den Radicchiostreifen, dem gegrillten Gemüse und der Chili-Miso-Mayonnaise als Füllung fertigstellen. Die Rolle mit der gebackenen Aubergine belegen, den Rest der Ahornsirup-Sauce daraufstreichen und in 8–10 Stücke schneiden.

### ANRICHTEN

Die entkernte Chilischote und die grünen Anteile der Frühlingszwiebel in feine Ringe schneiden. Die Sushis anrichten und die Chili- und Frühlingszwiebelringe sowie die Tempura-»Graupen« darüber verteilen.

# MEDITERRANE MAKI-ROLLE

ZUBEREITUNGSZEIT: **ETWA 40 MINUTEN PLUS KÜHLZEIT**

## FÜR 6–8 STÜCK

**Für den marinierten Lauch**
1 Stange Lauch
50 ml Sushi-Reis-Marinade (siehe Seite 166)

**Für die mediterrane Maki-Rolle**
1 EL Rosinen
20 ml trockener Weißwein
100 g fertiger Sushi-Reis (vorzugsweise mit Tomatenessig in der Reismarinade)
1 Stück marinierter Lauch (in der Länge des Reispapiers)
3 getrocknete Tomaten
5–6 feine Blätter Asia-Salat
1 EL Kapern
1 quadratisches Blatt Reispapier (Kantenlänge etwa 20 cm)
Wasabi (optional)

**Zum Anrichten**
essbare Blüten
Wasabi
Basis-Dip-Sauce (siehe Seite 166)

## ZUBEREITUNG

### MARINIERTER LAUCH

Den Lauch putzen und dabei die grünen Anteile entfernen. Den weißen Anteil längs halbieren und gut waschen. Die Lauchhälften auf einem Grill auf beiden Seiten goldbraun grillen. Die Hälfen anschließend mit der Marinade und 200 ml Wasser leicht köcheln lassen. Dann in der Marinade abkühlen lassen.

### MEDITERRANE MAKI-ROLLE

Die Rosinen für 15–20 Minuten im Weißwein einlegen und dann in ein Sieb gießen. Die Rosinen grob hacken und unter den Sushi-Reis mischen.
Den Lauch zum Abtropfen auf Küchenpapier legen. Die Tomaten in Streifen schneiden. Die Salatblätter waschen und sorgfältig trockentupfen.
Das Reispapier kurz in lauwarmes Wasser tauchen und auf ein Arbeitsbrett legen. Sobald das Reispapier das Wasser aufgesaugt hat und eine zähe Konsistenz hat, die Salatblätter darauf verteilen. Dann den Rosinen-Reis und nach Wunsch Wasabi verteilen und mit dem Lauch, den Tomaten und den Kapern als Füllung eine Maki-Rolle (siehe Seite 170) formen. Anschließend die Rolle in 6–8 Stücke schneiden.

### ZUM ANRICHTEN

Die Sushis anrichten und mit den Blüten und 1 Tupfen Wasabi garnieren. Die Dip-Sauce in einem separaten Schälchen dazu servieren.

# MANGOLD-MAKI

## mit Mozzarella

ZUBEREITUNGSZEIT: ETWA 10 MINUTEN

### FÜR 8–10 STÜCK

2 große Mangoldblätter
60 g Mozzarella
30 g rote Paprikaschote
30 g gelbe Paprikaschote
30 g getrocknete Tomaten
1 EL geröstete Sonnenblumenkerne
130 g fertiger Sushi-Reis
Wasabi (optional)

**Zum Anrichten**
1 EL geröstete Sonnenblumenkerne
2 EL BBQ-Mayonnaise (siehe Seite 166)
kleine rote Tuile-Stücke (siehe Seite 70, jedoch mit Rote-Bete-Saft statt Wasser zubereitet)

### ZUBEREITUNG

Die Mangoldblätter waschen, kurz mit heißem Wasser überbrühen und in kaltem Wasser abkühlen. Anschließend mit Küchenpapier trockentupfen und auf einer mit Folie überzogenen Makisu ausbreiten. Es sollte ein Rechteck, das der Größe eines Algenblatts entspricht, entstehen.
Den Mozzarella in Würfel von 1 cm Kantenlänge schneiden. Die Paprikaschoten waschen, putzen und in feine Streifen schneiden. Die getrockneten Tomaten in Streifen schneiden.
Den Sushi-Reis und nach Wunsch Wasabi vorsichtig auf die Mangoldblätter auftragen. Mit dem Paprika, den Tomaten, dem Mozzarella und den Sonnenblumenkernen eine Maki-Rolle (siehe Seite 170) fertigstellen und in 8–10 Stücke schneiden.

### ANRICHTEN

Die Sushis anrichten, die Sonnenblumenkerne darüberstreuen und die Mayonnaise dekorativ aufspritzen. Mit Tuile-Stücken garnieren.

# NIGIRI

## >>Caprese<<

ZUBEREITUNGSZEIT: ETWA 10 MINUTEN

### FÜR 4 STÜCK

2 kleine Rispentomaten
4 Scheiben Mozzarella (etwa 5 mm dick)
80 g fertiger Sushi-Reis
Wasabi (optional)
frisch gemahlener schwarzer Pfeffer
4 Blätter Basilikum

**Zum Anrichten**
1 Zweig Basilikum

### ZUBEREITUNG

Die Tomaten waschen, gut trockentupfen, halbieren und entkernen. Aus dem Sushi-Reis 4 Nigiri (siehe Seite 176) vorbereiten und nach Wunsch mit Wasabi bestreichen. Mit je einer Tomatenhälfte und einer Scheibe Mozzarella belegen und entweder mit einem Küchenbunsenbrenner abflämmen oder kurz in den auf 240 °C vorgeheizten Backofen (Oberhitze) schieben. Anschließend mit Pfeffer würzen und mit einem Basilikumblatt belegen.

### ANRICHTEN

Die Sushis anrichten und mit dem Basilikum garnieren.

**TIPP**

**Nach Wunsch können die Tomatenhälften im Backofen etwas getrocknet werden. So haben sie ein intensiveres Aroma und durchfeuchten das Sushi nicht.**

# NIGIRI

## mit Brokkoli-Omelett

ZUBEREITUNGSZEIT: ETWA 15 MINUTEN

### FÜR 4 STÜCK

**Für das Brokkoli-Omelett**
100 g vorgegarter Brokkoli
2 Eier
2 EL Mirin
½ TL Zucker
Salz
frisch gemahlener schwarzer Pfeffer
neutrales Pflanzenöl

**Für Nigiri mit Brokkoli-Omelett**
80 g fertiger Sushi-Reis
Wasabi (optional)
4 Scheiben Brokkoli-Omelett (1 cm dick, 7 cm lang)
4 Streifen Nori-Algenblatt (etwa 1 cm breit)
1 EL geraspelter Parmesan

**Zum Anrichten**
1 essbare Blüte
1 TL Chilisauce (siehe Seite 167)
Basis-Dip-Sauce (siehe Seite 166)

### ZUBEREITUNG

### BROKKOLI-OMELETT

Den Brokkoli fein hacken. Die Eier, den Mirin und den Zucker mit einem Schneebesen aufschlagen und dann den Brokkoli untermischen. Die Eiermasse mit Salz und Pfeffer abschmecken. Das Pflanzenöl in einer Pfanne erhitzen und ein japanisches Omelett »Tamago« (siehe Seite 12) zubereiten.

### NIGIRI MIT BROKKOLI-OMELETT

Aus dem Sushi-Reis 4 Nigiri (siehe Seite 176) vorbereiten und nach Wunsch mit Wasabi bestreichen. Jeweils mit 1 Scheibe Brokkoli-Omelett belegen und mit 1 Algenblattstreifen umwickeln. Dabei die überlappenden Stellen mit einem Reiskorn festkleben. Jedes Nigiri-Sushi mit etwas Parmesan bestreuen und mit einem Küchenbunsenbrenner abflämmen.

### ANRICHTEN

Die Sushis anrichten und die Chilisauce daneben ausstreichen. Mit der Blüte garnieren und die Dip-Sauce in einem separaten Schälchen dazu servieren.

# FUTO-MAKI

## mit Pfirsich

ZUBEREITUNGSZEIT: ETWA 10 MINUTEN

### FÜR 8–10 STÜCK

**Für Futo-Maki mit Pfirsich**
1 Pfirsich
einige Blätter Rucola
10 Blätter Minze
10 Blätter Basilikum
1 Nori-Algenblatt
130 g fertiger Sushi-Reis
Wasabi (optional)

**Zum Anrichten**
1 EL Spicy-Granola-Crunch (siehe Rezept »Futo-Maki mit gebackenem Blumenkohl und Spicy-Granola-Crunch« Seite 58)
Gari (siehe Seite 168)
Wasabi

### ZUBEREITUNG

Den Pfirsich waschen, gut trocknen, den Stein entfernen und das Fruchtfleisch in Spalten schneiden.
Mit dem Algenblatt und dem Reis eine Futo-Maki-Rolle (siehe Seite 172) vorbereiten. Dann nach Wunsch Wasabi auftupfen und mit den Pfirsichspalten, den Minze- und Basilikumblättern als Füllung fertigstellen. Die Rolle in 8–10 Stücke schneiden.

### ANRICHTEN

Die Sushis auf einem Teller anrichten und etwas Crunch darüberstreuen. Mit dem Gari und 1 Tupfen Wasabi anrichten.

# MAKI-ROLLE

>>Shades of Green<<

ZUBEREITUNGSZEIT: ETWA 15 MINUTEN

## FÜR 8–10 STÜCK

12 Zuckererbsenschoten
2 große Mangoldblätter
60 g Gurke
1 Handvoll Rucolablätter
130 g fertiger Brennnessel-Sushi-Reis (siehe Seite 166)
Wasabi (optional)
50 g fermentierte Knoblauchsrauke (siehe Seite 168)

**Zum Anrichten**
Mayonnaise
grüne Sprossen
Asia-Salatblätter
Zuckererbsen
Basis-Dip-Sauce (siehe Seite 166)

## ZUBEREITUNG

Die Zuckererbsenschoten und die Mangoldblätter waschen und kurz mit kochendem Wasser überbrühen. Anschließend kalt abschrecken und trockentupfen. Die dicken Stielansätze der Mangoldblätter flach klopfen. Die Gurke schälen und in Streifen schneiden. Die Rucolablätter waschen und gut trockentupfen. Die Mangoldblätter auf einer folierten Makisu ausbreiten. Den Reis und nach Wunsch das Wasabi auftragen und mit den Zuckererbsen, der Gurke, den Rucolablättern und der Knoblauchsrauke als Füllung eine Futo-Maki-Rolle (siehe Seite 172) zubereiten. Die Rolle in 8–10 Stücke schneiden.

## ANRICHTEN

Die Sushis anrichten und jeweils einen Tupfer Mayonnaise daraufspritzen. Großzügig mit den Sprossen, den Salatblättern und den Erbsen garnieren.

# ONIGIRAZU-VARIATIONEN

ZUBEREITUNGSZEIT: ETWA 15 MINUTEN

## FÜR 3 SANDWICHES

**Für Onigirazu mit Paprika**
50 g roter Spitzpaprika
1 großes Radieschen
einige Rosetten Feldsalat
einige frische Sprossen
1 Nori-Algenblatt
100 g fertiger Sushi-Reis mit Kräutern

**Für Onigirazu mit Tofu**
einige junge Spinatblätter
50 g fermentierter Safran-Rettich
1 Nori-Algenblatt
100 g fertiger Rote-Bete-Sushi-Reis
50 g Tofu Olive (alternativ Räuchertofu)
frisch gemahlener Zitronenpfeffer

**Für Onigirazu mit Mais**
50 g Gurke
1 kleine violette Karotte
3 Babymaiskolben
einige Blätter Rucola
1 TL Ahornsirup-Sauce (siehe Seite 167) oder Teriyaki-Sauce
1 Nori-Algenblatt
100 g fertiger Sushi-Reis

**Zum Anrichten**
1 EL BBQ-Mayonnaise (siehe Seite 167)
1 EL Orangen-Teriyaki-Sauce (siehe Seite 166)
1 EL Honig-Chili-Sauce (siehe Seite 167)
essbare Blüten

## ZUBEREITUNG

### ONIGIRAZU MIT PAPRIKA

Den geputzten Paprika in dünne Streifen schneiden. Das Radieschen putzen, waschen, abtrocknen und in feine Blätter schneiden. Den Feldsalat und die Sprossen waschen und sorgfältig trockentupfen. Mit dem Algenblatt und der Hälfte des Reises ein Onigirazu vorbereiten (siehe Seite 180). Dann die Paprikastreifen, die Radieschenblätter, den Feldsalat und die Sprossen auf der Reisfläche verteilen und mit dem restlichen Reis fertigstellen. Das Sandwich halbieren.

### ONIGIRAZU MIT TOFU

Die Spinatblätter waschen und sorgfältig trockentupfen. Den Safran-Rettich in Streifen schneiden. Mit dem Algenblatt und der Hälfte des Reises ein Onigirazu vorbereiten (siehe Seite 180). Dann die Spinatblätter, den Safran-Rettich und den passend geschnittenen Tofu auf der Reisfläche verteilen, mit dem Zitronenpfeffer würzen und mit dem restlichen Reis fertigstellen. Das Sandwich halbieren.

### ONIGIRAZU MIT MAIS

Die Gurke und die Karotte schälen und in dünne Scheiben schneiden. Die Rucolablätter waschen und sorgfältig trockentupfen. Die Maiskolben längs halbieren und mit der Ahornsirup-Sauce oder der Teriyaki-Sauce bestreichen und mit einem Küchenbunsenbrenner kurz abflämmen. Mit dem Algenblatt und der Hälfte des Reises ein Onigirazu vorbereiten (siehe Seite 180). Dann die Gurken- und Karottenscheiben, die Rucolablätter und die Maiskolben auf der Reisfläche verteilen und mit dem restlichen Reis fertigstellen. Das Sandwich halbieren.

### ANRICHTEN

Die Sandwichhälften anrichten und die Onigirazu mit Paprika mit der BBQ-Mayonnaise, Onigirazu mit Tofu mit der Orangen-Teriyaki-Sauce und Onigirazu mit Mais mit der Honig-Chili-Sauce beträufeln. Mit einigen Blüten garnieren.

# OSHI

## >>Sweethearts<<

ZUBEREITUNGSZEIT: **ETWA 15 MINUTEN PLUS 1 STUNDE FÜR KANDIERTE DUFTROSENBLÜTEN**

### FÜR 4 STÜCK

**Zusätzlich benötigt**
4 Herzformen (etwa 7 cm Durchmesser)

**Für die kandierten Duftrosenblätter**
20 unbehandelte Blütenblätter von Duftrosen
1 Eiweiß
100 g Zucker

**Für Oshi »Sweethearts«**
10 unbehandelte Blütenblätter von roten Duftrosen
100 ml kernloses Himbeerpüree
200 g nicht marinierter, gegarter Sushi-Reis
1 Prise Salz
1 TL Zucker

**Zum Anrichten**
200 g frische Himbeeren
kandierte Duftrosenblätter

### ZUBEREITUNG

#### KANDIERTE DUFTROSENBLÄTTER

Die Blütenblätter waschen und gut trockentupfen. Das Eiweiß mit einer Gabel leicht schaumig aufschlagen. Die Blütenblätter auf beiden Seiten mit Eiweiß befeuchten und im Zucker wälzen. Anschließend die Blütenblätter auf einem mit Backpapier ausgekleideten Backblech ausbreiten und im auf 50 °C vorgeheizten Backofen (Umluft) etwa 60 Minuten trocknen.

#### OSHI »SWEETHEARTS«

Die Rosenblätter waschen, trockentupfen, fein hacken und mit dem Himbeerpüree vermischen. Den noch heißen Sushi-Reis mit 1 EL dieser Mischung, dem Salz und dem Zucker marinieren und dabei wie auf Seite 8–9 beschrieben weiter vorgehen. Aus dem abgekühlten Sushi-Reis mithilfe der Herzformen 4 Oshi-Sushis (siehe Seite 186) formen.

#### ANRICHTEN

Die herzförmigen Oshi-Sushis anrichten und mit den Himbeeren, den kandierten Duftrosenblättern und der restlichen Himbeer-Duftrosen-Mischung garnieren.

# TE-MAKI

## mit Räuchertofu

ZUBEREITUNGSZEIT: **ETWA 10 MINUTEN**

### FÜR 2 STÜCK

¼ Knolle Fenchel
einige geröstete Senfsaatkörner
etwas Zitronensaft
1 TL Olivenöl
Salz
frisch gemahlener schwarzer Pfeffer
1 kleines Stück rote Paprikaschote
1 kleines Stück gelbe Paprikaschote
einige Blätter Asia-Salat
Sprossen oder Kresse
2 rechteckige Stücke Räuchertofu (je etwa 1 cm dick, 7cm lang)
1 TL feines Reismehl
2 EL Tempurateig (siehe Seite 168)
neutrales Pflanzenöl zum Frittieren
2 Nori-Algenblätter
100 g fertiger Sushi-Reis
Wasabi (optional)

**Zum Anrichten**
Basis-Dip-Sauce (siehe Seite 166)

### ZUBEREITUNG

Den Fenchel in feine Streifen schneiden, kurz mit heißem Wasser überbrühen, kalt abschrecken und zum Abtropfen auf Küchenpapier legen. Die Senfsaat im Mörser zerstoßen und mit dem Zitronensaft und dem Olivenöl vermischen. Die Marinade mit Salz und Pfeffer abschmecken und die Fenchelstreifen unterziehen. Die geputzten Paprikastücke in feine Streifen schneiden. Den Asia-Salat und die Sprossen bzw. Kresse waschen und gut trockentupfen.
Die beiden Räuchertofustücke im Reismehl wenden, durch den Teig ziehen und in heißem Öl kurz frittieren. Anschließend auf Küchenpapier abtropfen lassen.
Die Algenblätter für Te-Maki zurechtschneiden (siehe Seite 179) und mit dem Sushi-Reis, nach Wunsch dem Wasabi, dem frittierten Tofu, dem marinierten Fenchel, den Paprikastreifen, dem Salat und den Sprossen 2 Te-Maki formen.

### ANRICHTEN

Die noch warmen Te-Maki-Sushis anrichten und die Dip-Sauce in einem separaten Schälchen dazu servieren.

# FUTO-MAKI

## *mit Radicchio*

ZUBEREITUNGSZEIT: ETWA 20 MINUTEN

FÜR 8–10 STÜCK

**Für den Curry-Kürbiskern-Krokant**
2 EL grob gehackte Kürbiskerne
2 EL Zucker
¼ TL Madrascurrypulver

**Für Futo-Maki mit Radicchio**
½ Orange
¼ Grapefruit
2 EL Miso-Mayonnaise (siehe Seite 167)
einige Blätter Radicchio
etwas Brunnenkresse (alternativ Gartenkresse)
1 Nori-Algenblatt
130 g fertiger Sushi-Reis
Wasabi (optional)

**Zum Anrichten**
1 EL Curry-Kürbiskern-Krokant

### ZUBEREITUNG

### CURRY-KÜRBISKERN-KROKANT

Die Kürbiskerne grob hacken. Den Zucker in einer Pfanne goldbraun karamellisieren und dann die Kürbiskerne und das Currypulver unterrühren. Die Masse auf Backpapier oder eine Silikonmatte gießen, abkühlen lassen und anschließend grob hacken.

### FUTO-MAKI MIT RADICCHIO

Die Orange und die Grapefruit filetieren, den dabei austretenden Saft auffangen und in die Miso-Mayonnaise mischen. Die Filets beiseitelegen. Den Radicchio und die Kresse waschen und trockentupfen. Den Radicchio in feine Streifen schneiden. Die Blätter der Kresse abzupfen.
Mit dem Algenblatt und dem Reis eine Futo-Maki-Rolle (siehe Seite 172) vorbereiten. Dann nach Wunsch Wasabi auftupfen und mit dem Radicchio, den Orangen- sowie Grapefruitfilets und der Kresse als Füllung fertigstellen. Die Rolle in 8–10 Stücke schneiden.

### ANRICHTEN

Die Miso-Mayonnaise dekorativ auf dem Teller ausstreichen und die Sushis darauf anrichten. Mit Kürbiskern-Curry-Krokant garnieren.

# NIGIRI

## mit Zuckererbsenschoten

ZUBEREITUNGSZEIT: **ETWA 10 MINUTEN**

### FÜR 4 STÜCK

**Für die Orangensauce**

1 EL salzreduzierte Sojasauce
1 EL Orangensaft
1 EL Sushi-Reis-Marinade (siehe Seite 166)
einige Tropfen Walnussöl oder Haselnussöl
einige rote Pfefferkörner

**Für Nigiri mit Zuckererbsenschoten**

4 frische Zuckererbsenschoten
4 Halme Schnittlauch
80 g fertiger Rote-Bete-Sushi-Reis (siehe Seite 166)
4 dünne Scheiben fermentierter Safran-Rettich (siehe Seite 168)

**Zum Anrichten**

4 rechteckige Scheiben vorgekochte Karotte (3 × 5 cm; 5 mm dick)
essbare blaue Blüten

### ZUBEREITUNG

#### ORANGENSAUCE

Alle Zutaten gut vermischen.

#### NIGIRI MIT ZUCKERERBSENSCHOTEN

Die Zuckererbsenschoten waschen, trockentupfen und die Fäden ziehen. Anschließend die Schoten und die Schnittlauchhalme kurz mit heißem Wasser überbrühen, kalt abschrecken und auf Küchenpapier abtropfen lassen.
Aus dem Reis 4 Nigiri formen (siehe Seite 176) und diese auf ein passendes Stück Rettich legen. Oben auf eine Zuckererbsenschote legen und das Ganze mit dem Schnittlauchhalm fixieren.

#### ANRICHTEN

Die Orangensauce in einen tiefen Teller gießen und die Karottenscheiben als Basis hineinlegen. Die Nigiri-Sushis darauf anrichten und mit den Blüten garnieren.

#### TIPP

Wichtig bei diesem Rezept ist, dass der Reis nicht direkt in Berührung mit der Sauce kommt. Zum Anrichten wird daher eine Basis für die Sushis wie hier die Karottenscheiben benötigt.

# Herbst

# MAKI-ROLLE

## >>Alles Rote Bete<<

ZUBEREITUNGSZEIT: ETWA 10 MINUTEN

### FÜR 8–10 STÜCK

6 frische Blätter von Roter Bete
1 vorgegarte Knolle Rote Bete
etwas fein geriebener Ingwer
¼ TL Zucker
Salz
frisch gemahlener schwarzer Pfeffer
130 g fertiger Rote-Bete-Sushi-Reis (siehe Seite 166)
1 TL frisch geriebener Meerrettich

**Zum Anrichten**
frische Rote-Bete-Sprossen
Basis-Dip-Sauce (siehe Seite 166)

### ZUBEREITUNG

Die Rote-Bete-Blätter waschen, putzen, kurz mit heißem Wasser überbrühen, kalt abschrecken und auf Küchenpapier trocknen lassen.
Von der Rote-Bete-Knolle 5 kleine, dünne Scheiben für die Garnitur abschneiden und beiseitelegen. Aus der restlichen Knolle so viele quadratische Stäbchen (1 x 1 cm) schneiden, wie als Einlage für die Maki-Rolle benötigt werden. Den dann noch verbleibenden Rest der Roten Bete fein pürieren. Das Püree mit dem Ingwer und dem Zucker mischen und mit Salz und Pfeffer abschmecken.
Auf einer folierten Makisu die Rote-Bete-Blätter zu einem Rechteck auslegen. Mit Rote-Bete-Sushi-Reis, dem Meerrettich und den Rote-Bete-Stäbchen als Einlage eine Futo-Maki-Rolle (siehe Seite 172) formen. Die Rolle in 8–10 Stücke schneiden.

### ANRICHTEN

Die beiseitegelegten Rote-Bete-Scheiben auf die Größe der Sushis zurechtschneiden oder ausstechen und auf einem Teller auslegen. Auf die 5 Scheiben je ein aufrecht stehendes Sushi stellen und die restlichen Sushis mit der Schnittfläche nach oben darum verteilen. Einen Tupfer Rote-Bete-Püree auf die aufrecht stehenden Sushis geben und mit den Sprossen garnieren. Die Dip-Sauce in einem separaten Schälchen dazu servieren.

# MAKI-ROLLE

## mit Apfel und Ziegenkäse

ZUBEREITUNGSZEIT: ETWA 5 MINUTEN

### FÜR 8–10 STÜCK

1 Zweig frischer Rosmarin
5 halbe Walnusskerne
½ Apfel (z. B. Elstar)
60 g Ziegenschnittkäse nach Wahl
1 Nori-Algenblatt
130 g fertiger Sushi-Reis
Wasabi (optional)

**Zum Anrichten**
1 Zweig Rosmarin
1 essbare Blüte
Basis-Dip-Sauce (siehe Seite 166)

### ZUBEREITUNG

Den Rosmarin waschen, trockentupfen und die Nadeln abzupfen. Die Walnusshälften grob hacken. Das Kerngehäuse des Apfels entfernen und das Fruchtfleisch in Spalten schneiden. Den Ziegenkäse in quadratische Streifen (etwa 1 x 1 cm) schneiden.
Mit dem Algenblatt und dem Sushi-Reis eine Futo-Maki-Rolle (siehe Seite 172) vorbereiten.
Dann nach Wunsch etwas Wasabi auftupfen und mit den Apfelspalten, den Rosmarinnadeln, den Walnüssen und dem Ziegenkäse als Füllung fertigstellen. Die Futo-Maki-Rolle in 8–10 Stücke schneiden.

### ANRICHTEN

Die Sushis anrichten und mit dem Rosmarin und der Blüte garnieren.

### TIPP

**Beim Thema Ziegenkäse scheiden sich oft die Geister. Zum Einstieg in die Welt der Ziegenschnittkäse eignet sich eine milde Variante wie holländischer Ziegenkäse »mittelalt« (cremig, mit feinem Aroma) oder Tomme de Chèvre Savoie (mild-aromatisch). Wer es etwas würziger möchte, ist mit Tomme de Chèvre Pyrénées (würziger Bergkäse), holländischem Ziegenkäse »extra gereift« (vollmundig-karamellig) oder La Crüa di Capra (italienischer Rohmilchkäse, unbehandelt und ohne Zusatzstoffe, mit würzigem Bergkäsearoma) gut beraten.**

# MAKI-ROLLE

## mit BBQ-Zuckermais

ZUBEREITUNGSZEIT: ETWA 15 MINUTEN

### FÜR 8–10 STÜCK

6 kleine Blätter einer Kohlrabipflanze
½ vorgegarter Maiskolben
2 TL neutrales Pflanzenöl
1 EL Doppelrahmfrischkäse
1 EL BBQ-Sauce
Salz
frisch gemahlener schwarzer Pfeffer
8–10 sehr dünne Scheiben Kohlrabi (etwa 8 cm Durchmesser)
3 Stängel Koriander
130 g fertiger Sushi-Reis
Wasabi (optional)

**Zum Anrichten**
1 TL Kräuteröl
3 Stängel Koriander
1 Blüte Kapuzinerkresse
Koriander-Dip-Sauce (siehe Seite 167)

### ZUBEREITUNG

Die Kohlrabiblätter kurz angrillen, bis sie zusammengefallen, aber nicht ausgetrocknet sind. Den Maiskolben mit 1 TL Öl einpinseln und grillen. Anschließend mit einem Messer die Maiskörner herunterschaben und einige als Garnitur beiseitestellen. Die restlichen Maiskörner mit dem Frischkäse und 1 TL BBQ-Sauce vermischen und mit Salz und Pfeffer abschmecken. Die Kohlrabischeiben mit dem restlichen Öl (1 TL) einpinseln, ebenfalls kurz und scharf grillen und mit Salz und Pfeffer würzen.
Auf einer folierten Makisu die Kohlrabiblätter überlappend zu einem Rechteck in der Größe eines Algenblatts auslegen. Den Sushi-Reis vorsichtig auf die unteren zwei Drittel der Blätter verteilen und nach Wunsch Wasabi auftupfen. Mit dem BBQ-Mais als Füllung eine Maki-Rolle formen (siehe Seite 172) und diese in 8–10 Stücke schneiden.

### ANRICHTEN

Einen Kreis aus leicht überlappenden Kohlrabischeiben auf dem Teller auslegen und diese mit dem Kräuteröl beträufeln. Die Sushis darauf anrichten und die restliche BBQ-Sauce darüberträufeln.
Mit den beiseitegestellten Maiskörnern, Korianderblättern und der Blüte garnieren. Die Dip-Sauce in einem separaten Schälchen dazu servieren.

# URA-MAKI

## mit fermentierter Knoblauchsrauke und Birne

ZUBEREITUNGSZEIT: ETWA 10 MINUTEN

### FÜR 6 STÜCK

50 g Pumpernickel
60 g fermentierte Knoblauchsrauke (siehe Seite 168)
½ Birne
½ Nori-Algenblatt
100 g fertiger Sushi-Reis

**Zum Anrichten**
2 EL Tomaten-Paprika-Sauce (siehe Seite 167)
frische Knoblauchsrauke

### ZUBEREITUNG

Den Pumpernickel zerbröseln und auf einem mit Backpapier ausgekleideten Backblech ausbreiten. Die Brösel im auf 160 °C vorgeheizten Backofen (Umluft) etwa 10 Minuten trocknen (siehe Tipp beim Rezept »Ura-Maki mit grünem Spargel«, Seite 32).
Die fermentierte Knoblauchsrauke auf Küchenpapier gut abtropfen lassen. Das Kerngehäuse der Birne herausschneiden und das Fruchtfleisch in Spalten schneiden.
Mit dem Algenblatt und dem Sushi-Reis eine dünne »Inside-out«-Ura-Maki-Rolle (siehe Einleitungsteil) vorbereiten und nach dem Wenden mit der fermentierten Knoblauchsrauke, der Birne und dem Pumpernickel-Crunch als Füllung fertigstellen. Die Rolle in 6 Stücke schneiden.

### ANRICHTEN

Etwas Tomaten-Paprika-Sauce auf den Teller träufeln, die Sushis darauf anrichten und mit der Knoblauchsrauke garnieren. Die restliche Tomaten-Paprika-Sauce in einem separaten Schälchen dazu servieren.

# MIT KÜRBIS GEFÜLLTE ONIGIRI

ZUBEREITUNGSZEIT: ETWA 20 MINUTEN (ANSPRUCHSVOLL)

## FÜR 4 STÜCK

120 g entkernter Hokkaidokürbis
1 TL neutrales Pflanzenöl plus etwas mehr zum Braten
2 EL Orangen-Teriyaki-Sauce (siehe Seite 166)
4 EL grob gehackte Kürbiskerne
280 g fertiger Sushi-Reis

**Zum Anrichten**
Basis-Dip-Sauce (siehe Seite 166)

## ZUBEREITUNG

Den Kürbis in kleine Würfel (Kantenlänge 1 cm) schneiden. Das Öl in einer Pfanne erhitzen und die Kürbisstücke kurz scharf anrösten. Die Orangen-Teriyaki-Sauce zufügen und so lange weiterrösten, bis alle Flüssigkeit verdampft ist. Die Füllung gut abkühlen lassen.
Aus dem Sushi-Reis und der Kürbisfüllung 4 Onigiri formen (siehe Seite 182). Anschließend die breiten Seiten der Onigiri in die gehackten Kürbiskerne tauchen. Die so panierten Onigiri sofort in dem heißem Öl knusprig und goldbraun backen. Dann kurz auf Küchenpapier abtropfen lassen.

## ANRICHTEN

Die warmen Onigiri auf einem Teller anrichten und sofort servieren.

### TIPP

**Das komplette Verkochen der Flüssigkeit in der Kürbisfüllung ist sehr wichtig, da anderenfalls die noch enthaltene Flüssigkeit aus der Füllung in den Reis sickern würde und diesen brüchig macht. Das Onigiri hat dann keinen Halt.**

TEAM LEADERS
CAREER IN BANKING
CAREER IN BANKING
News

# URA-MAKI

## mit Kürbis

**ZUBEREITUNGSZEIT:** ETWA 15 MINUTEN

### FÜR 8–10 STÜCK

50 g Rotkohl
5 Blüten unbehandelte Kapuzinerkresse
100 g Butternusskürbis
1 TL feines Reismehl
100 ml Tempurateig (siehe Seite 168)
neutrales Pflanzenöl zum Frittieren
⅔ Nori-Algenblatt
130 g fertiger Sushi-Reis
etwas Wasabi

**Zum Anrichten**
Teriyaki-Glaze
1 Minigurke
Brombeeren
Chiliflocken
Koriander-Dip-Sauce (siehe Seite 167)

### ZUBEREITUNG

Den Rotkohl waschen, trockentupfen und in feine Streifen schneiden. Die Blütenblätter abzupfen. Den Butternusskürbis schälen und entkernen. Das Fruchtfleisch in 2 Quader (etwa 1 × 1 cm) schneiden. Die Quader im Reismehl wälzen und durch den Tempurateig ziehen. Die Kürbisstücke in heißem Öl frittieren, auf Küchenpapier gut abtropfen lassen und sofort weiterverarbeiten.
Mit dem Algenblatt und dem Reis eine »Inside-out«-Ura-Maki-Rolle vorbereiten (siehe Seite 174) und vor dem Wenden vorsichtig die Blütenblätter auf den Reis drücken. Nach dem Wenden mit dem Wasabi, dem frittierten Kürbis und dem Rotkohl als Füllung fertigstellen. Die Rolle in 8–10 Stücke schneiden und noch warm servieren.

### ANRICHTEN

Mit der Teriyaki-Glaze seitlich am Teller einen kleinen Spiegel aufträufeln und die in Scheiben geschnittene Gurke dachziegelartig darauf anrichten. Die Brombeeren danebenlegen und mit Chiliflocken garnieren. Die Sushis danebensetzen. Die Dip-Sauce in einem separaten Schälchen dazu servieren.

### TIPP

**Diese Ura-Maki-Rolle sollte noch warm gegessen werden, damit das Tempura in der Fülle noch knusprig ist.**

# NIGIRI

## mit süßsaurem Butternusskürbis

ZUBEREITUNGSZEIT: ETWA 10 MINUTEN

### FÜR 4 STÜCK

80 g fertiger Sushi-Reis
4 Scheiben süßsaurer Kürbis (siehe Seite 169)
4 Streifen Nori-Algenblatt (1 cm breit)

**Zum Anrichten**
1 EL Kürbiskernkrokant (siehe Seite 98)
2 Blätter Kapuzinerkresse
2 Blüten Kapuzinerkresse

### ZUBEREITUNG

Mit dem Sushi-Reis 4 Nigiri formen (siehe Seite 176). Die Nigiri mit je einer Scheibe Kürbis belegen und mit dem Algenblattstreifen fixieren. Dabei die Überlappungsstelle mit einem gequetschten Reiskorn festkleben.

### ANRICHTEN

Je 2 Nigiri auf einem Blatt Kapuzinerkresse anrichten und mit dem Kürbiskernkrokant bestreuen. Mit den Blüten garnieren.

# URA-MAKI

## mit marinierten Pfifferlingen

ZUBEREITUNGSZEIT: ETWA 15 MINUTEN

### FÜR 6 STÜCK

100 g kleine Pfifferlinge
1 EL Sesamöl
5–6 Blätter Minze
5–6 Blätter Koriander
½ Schalotte
¼ Frühlingszwiebel
1 TL Zitronensaft
einige Chiliflocken
½ TL salzreduzierte Sojasauce
Salz
½ Nori-Algenblatt
100 g fertiger Sushi-Reis

**Zum Anrichten**
1 Zitronenspalte
einige Pfifferlinge
1 rote Chilischote
Korianderblätter
Basis-Dip-Sauce (siehe Seite 166)

### ZUBEREITUNG

Die Pfifferlinge sorgfältig putzen. Das Sesamöl in einer Pfanne erhitzen und die Pfifferlinge darin etwa 1 Minute anrösten. Anschließend in eine Schale geben. Die Minze- und Korianderblätter grob hacken. Die Schalotte abziehen und fein würfeln. Den grünen Anteil der Frühlingszwiebel in feine Röllchen schneiden. Alles zu den Pfifferlingen geben und mit dem Zitronensaft, den Chiliflocken und der Sojasauce gut vermischen. Dann mit Salz abschmecken.
Mit dem Algenblatt und dem Reis eine »Inside-out«-Ura-Maki-Rolle vorbereiten (siehe Seite 174) und nach dem Wenden mit den marinierten Pfifferlingen als Füllung fertigstellen. Die Rolle in 6 Stücke schneiden.

### ANRICHTEN

Die Sushis mit der Zitronenspalte, einigen Pfifferlingen, der Chilischote und Korianderblättern garnieren. Die Dip-Sauce in einem separaten Schälchen dazu servieren.

# FUTO-MAKI

## mit gerösteten Pfifferlingen

ZUBEREITUNGSZEIT: ETWA 15 MINUTEN

### FÜR 8–10 STÜCK

120 g kleine Pfifferlinge
1 TL neutrales Pflanzenöl
Salz
frisch gemahlener Zitronenpfeffer
einige Blätter Rucola
1 Stängel glatte Petersilie
1 Nori-Algenblatt
130 g fertiger Sushi-Reis
Wasabi (optional)

**Zum Anrichten**
1 Blatt Rucola
Wasabi

### ZUBEREITUNG

Die Pfifferlinge sorgfältig putzen und gegebenenfalls halbieren. Das Öl in einer Pfanne erhitzen und die Pfifferlinge darin kurz scharf anrösten. Mit Salz und Zitronenpfeffer würzen. Die Pfifferlinge so lange weiterrösten, bis keine Flüssigkeit mehr vorhanden ist. Dann abkühlen lassen. Die Petersilie waschen, trockentupfen, die Blätter abzupfen und fein hacken. Dann unter die Pfifferlinge mischen. Den Rucola waschen und trockentupfen.
Mit dem Algenblatt und dem Sushi-Reis eine Futo-Maki-Rolle (siehe Seite 172) vorbereiten.
Dann nach Wunsch Wasabi auftupfen und mit den Pfifferlingen und dem Rucola als Füllung fertigstellen. Die Futo-Maki-Rolle in 8–10 Stücke schneiden.

### ANRICHTEN

Die Sushis anrichten und mit Rucola und 1 Tupfen Wasabi garnieren.

# TE-MARI

## mit Süßkartoffel und Schalotten

ZUBEREITUNGSZEIT: ETWA 5 MINUTEN

### FÜR 4 STÜCK

60 g geschälte, vorgekochte Süßkartoffel
Salz
etwas Wasabi
2 Schalotten
1 TL neutrales Pflanzenöl
1 TL brauner Zucker
1 EL gereifter Aceto balsamico
frisch gemahlener schwarzer Pfeffer
80 g fertiger Sushi-Reis

**Zum Anrichten**
1 Handvoll frische Sprossen nach Wahl
Basis-Dip-Sauce (siehe Seite 166)

### ZUBEREITUNG

Die noch heiße Süßkartoffel stampfen oder durch eine Kartoffelpresse drücken und mit etwas Wasabi und Salz gut verrühren.
Die Schalotten abziehen, dabei am Wurzelende so abschneiden, dass die einzelnen Schichten der Schalotten nicht auseinanderfallen. Die Schalotten dann längs halbieren, das Öl in einer Pfanne erhitzen und die Schalotten anbraten. Anschließend den Zucker zugeben und karamellisieren. Mit dem Aceto balsamico ablöschen und 2–3 EL Wasser untermischen. Die Schalotten zugedeckt 1 Minute dünsten, dann mit Salz und Pfeffer abschmecken.
Aus dem Reis 4 Te-Mari-Bällchen (siehe Seite 177) vorbereiten. Auf jedes Te-Mari 1 TL Süßkartoffelstampf geben und diesen mit einer Schalottenhälfte bedecken.

### ANRICHTEN

Die Sprossen auf einem Teller anrichten und die Te-Mari darauflegen. Die Dip-Sauce in einem separaten Schälchen dazu servieren.

# NIGIRI

## mit Steinpilzen

ZUBEREITUNGSZEIT: ETWA 15 MINUTEN

### FÜR 4 STÜCK

2 Scheiben von einem kleinen geputzten Steinpilz (etwa 1 cm dick)
1 Knoblauchzehe
1 Zweig Thymian
1 Stängel glatte Petersilie
1 EL Olivenöl
Salz
frisch gemahlener schwarzer Pfeffer
4 Blätter Rucola
80 g fertiger, noch warmer Sushi-Reis

**Zum Anrichten**
4 Blätter roter Chicorée
1 EL Teriyaki-Sauce

### ZUBEREITUNG

Die Steinpilzscheiben längs halbieren. Die Knoblauchzehe mit der flachen Seite eines breiten Messers quetschen. Den Thymian und die Petersilie waschen und gut trockentupfen. Das Öl in einer Pfanne erhitzen, erst die Knoblauchzehe und den Thymian zugeben und dann die Steinpilzscheiben auf jeder Seite etwa 1 Minute braten. Die Petersilienblätter abzupfen, zu den Pilzen geben und alles gut durchschwenken. Dann die Pilze aus der Pfanne nehmen und mit Salz und Pfeffer würzen. Den Rucola waschen und gut trockentupfen. Aus dem Reis 4 Nigiri vorbereiten (siehe Seite 176) und mit dem Rucola und je einer noch warmen Steinpilzscheibe bedecken. Sofort servieren.

### ANRICHTEN

Die Chicoréeblätter waschen, gut trockentupfen und auf einem Teller auslegen. Die Nigiri in den Blättern anrichten und mit der Teriyaki-Sauce beträufeln.

# SUSHI-BURRITO »TO GO«

## mit getrockneten Aprikosen und Roter Bete

ZUBEREITUNGSZEIT: ETWA 25 MINUTEN

### FÜR 1 STÜCK

½ kleine Rote Bete
½ TL neutrales Pflanzenöl
4–5 getrocknete Aprikosen
5–6 Walnusshälften
¼ rote Zwiebel
3–4 Blätter Minze
1 Stängel Koriander
etwas Schalenabrieb von 1 unbehandelten Orange
¼ TL Baharat-Gewürzmischung
Salz
frisch gemahlener schwarzer Pfeffer
1 Vollkorn-Tortilla (etwa 20 cm Durchmesser)
100 g fertiger Sushi-Reis

### ZUBEREITUNG

Die Rote Bete in Spalten schneiden, auf ein mit Backpapier ausgekleidetes Backblech legen und mit dem Öl einpinseln. Anschließend im auf 200 °C vorgeheizten Backofen (Ober-/Unterhitze) 10–15 Minuten backen. Dann auskühlen lassen.

Die Aprikosen dritteln, die Walnusskerne grob hacken. Die Zwiebel abziehen und fein würfeln, die Kräuter waschen, trockentupfen und die Blätter grob hacken.

Die Rote Bete, die Aprikosen, die Zwiebeln, die Kräuter, die Nusskerne in einer Schale vermischen und mit dem Orangenabrieb, Baharat, Salz und Pfeffer würzen.

Die Tortilla auslegen und den Reis wie für eine Maki-Rolle (siehe Seite 172) darauf verteilen, dabei aber das obere Drittel frei lassen. Mit der Rote Bete-Aprikosen-Mischung als Füllung fertigstellen.

### ANRICHTEN

Die Rolle quer halbieren und in Papier wickeln.

### TIPP

**Baharat ist eine Gewürzmischung aus dem arabischen Raum. Ähnlich wie Curry hat sie keine feste Zusammensetzung, sondern unterscheidet sich regional. Meist sind Gewürze wie Pfeffer (Körner und Schoten), Paprika, Koriander, Nelken, Kreuzkümmel, Schwarzkümmel, Kardamom, Muskatnuss und Zimt enthalten. Die Baharat-Gewürzmischung eignet sich hervorragend für den Einsatz in der gesamten orientalischen Küche, insbesondere für Fleisch- und Fischgerichte, aber auch für die Zubereitung von Gemüse oder Dips. Eine besondere Spezialität ist Kaffee »Baharat«. Dabei wird eine Prise Baharat in eine Tasse Kaffee, Mokka, Espresso oder als Variante in Kakao gegeben.**

# OSHI »GUGELHUPF«

## mit marinierten Pilzen

**ZUBEREITUNGSZEIT:** ETWA 15 MINUTEN PLUS ETWA 2 STUNDEN FÜR DIE MARINIERTEN PILZE

### FÜR 2 STÜCK

**Zusätzlich benötigt**
1 Mini-Gugelhupfform aus Silikon

**Für die marinierten Pilze**
100 g gemischte Pilze (z. B. Pfifferlinge, Steinpilze, Champignons, Kräuterseitlinge)
1 kleine Knoblauchzehe
1 kleines Stück Schalotte
1 EL Olivenöl
1 EL weißer Aceto balsamico
2 EL trockener Weißwein
einige schwarze Pfefferkörner
einige Senfkörner
1 Zweig Thymian
1 Prise Zucker
Salz

**Für Oshi »Gugelhupf« mit sauren Pilzen**
100 g Zuckererbsen (TK)
50 ml Steinpilzöl
Salz
frisch gemahlener schwarzer Pfeffer
60 g fertiger Sushi-Reis
60 g fertiger violetter Sushi-Reis (siehe Seite 166)

**Zum Anrichten**
½ Nori-Algenblatt
1 dünne Scheibe frischer Pilz
1 Blatt roter Chicorée
1 Zuckererbsenschote

### ZUBEREITUNG

Die Pilze sorgfältig säubern und in mundgerechte Stücke schneiden. Den Knoblauch und die Schalotte abziehen und grob zerteilen. Das Öl in einer Pfanne erhitzen und die Schalotte und den Knoblauch anbraten. Dann die Pilze zugeben und 2–3 Minuten braten. Anschließend mit dem Essig und dem Weißwein ablöschen, die Kräuter und Gewürze zugeben und mit Salz abschmecken. Die Pfanne vom Herd ziehen und die Pilze etwa 2 Stunden durchziehen lassen.

### OSHI »GUGELHUPF« MIT SAUREN PILZEN

Die Zuckererbsen zusammen mit dem Steinpilzöl pürieren und mit Salz und Pfeffer abschmecken.
Den violetten sowie den weißen Sushi-Reis so in die Gugelhupfform pressen, dass ein attraktives Muster entsteht.

### ANRICHTEN

Das Algenblatt halbieren und die Hälften auf dem Teller auslegen. Auf jedes Blatt einen Reisgugelhupf stürzen. Den inneren Hohlraum des Gugelhupfs mit dem Zuckererbsenpüree füllen. Die marinierten Pilze etwas abtropfen lassen und um den Gugelhupf legen. Mit einem Stück frischem Pilz, rotem Chicorée und Zuckererbsenschote garnieren.

### TIPP

**Für dieses Rezept können beliebig andere Formen aus Silikon wie z. B. Ringe für Donuts zum Pressen verwendet werden.**

# SUSHI-TACOS

## *mit Pilzen*

ZUBEREITUNGSZEIT: ETWA 15 MINUTEN

### FÜR 3 STÜCK

50 g geputzter Staudensellerie
einige Safranfäden
1 EL Sushi-Reis-Marinade
1 kleiner, frischer Steinpilz
3 kleine Blätter roter Chicorée
1 Stängel glatte Petersilie
60 g fertiger violetter Sushi-Reis (siehe Seite 166)
3 Taco Shells (etwa 10 cm Durchmesser)

**Zum Anrichten**
1 TL Steinpilzöl
1 frischer Steinpilz
Dip-Sauce nach Wahl

### ZUBEREITUNG

Den Staudensellerie schräg in feine Scheiben schneiden. Die Safranfäden in der Sushi-Reis-Marinade auflösen und den Staudensellerie kurz darin marinieren. Den Steinpilz sorgfältig putzen und in hauchdünne Scheibchen schneiden. Den Chicorée und die Petersilie waschen und trockentupfen.
Aus dem Sushi-Reis 3 etwas dünnere und flachere Nigiri vorbereiten (siehe Seite 176).

### ANRICHTEN

Die Makisu auf beiden Seiten so einrollen, dass ein Spalt entsteht, in den die Taco Shells mit der Öffnung nach oben zur Stabilisierung gelegt werden. In jede Tacoschale je ein Chicoréeblatt und darauf je ein Nigiri legen. Dann den marinierten Staudensellerie und einige Steinpilzscheiben darauf anrichten und etwas Steinpilzöl darüberträufeln. Mit je einem Petersilienblatt und den restlichen Steinpilzscheiben garnieren. Den aufgeschnittenen Steinpilz dachziegelartig neben der Makisu anrichten. Die Dip-Sauce in einem separaten Schälchen dazu servieren.

### TIPP

**Wenn keine passenden Taco Shells zur Hand sind, können diese aus konventionellen Mais-Tortillas hergestellt werden. Dazu werden mithilfe eines Ausstechers (Durchmesser 10 cm) passende Kreise aus den Tortillas ausgestochen. Diese mit etwas Öl einpinseln, über die Stangen des Gitterrostes einfädeln und im auf 200 °C vorgeheizten Backofen etwa 5 Minuten knusprig backen.**

# TE-MAKI

## mit Früchten und Kürbis

ZUBEREITUNGSZEIT: ETWA 10 MINUTEN

### FÜR 2 STÜCK

60 g süßsaurer Kürbis (siehe Seite 169)
½ Birne (z. B. Alexander Lucas)
1 Pflaume
2 Blätter Salbei
1 EL Hüttenkäse
2 Nori-Algenblätter
100 g fertiger Sushi-Reis
Wasabi (optional)

**Zum Anrichten**
1 EL Spicy-Kürbiskern-Granola (siehe Tipp Seite 58)
Chilisauce (optional, siehe Seite 167)

### ZUBEREITUNG

Aus dem süßsauren Kürbis 4 gleich große Stücke von etwa 8 cm Länge schneiden. Das Kerngehäuse der Birnenhälfte entfernen und das Fruchtfleisch längs in 4 Spalten schneiden. Die Pflaume entsteinen und in 4 Spalten schneiden. Den Hüttenkäse in einem Sieb abtropfen lassen. Die Algenblätter für Te-Maki zurechtschneiden (siehe Seite 179). Dann mit dem Sushi-Reis, nach Wunsch Wasabi, dem Kürbis, der Pflaume, den Salbeiblättern und dem Hüttenkäse als Füllung 2 Te-Maki herstellen.

### ANRICHTEN

Die Te-Maki-Sushis anrichten und mit der Kürbiskern-Granola bestreuen. Gegebenenfalls die Chilisauce in einem separaten Schälchen dazu servieren.

# MAKI

## *mit Wurzelgemüse aus dem Ofen und Perlgraupen-Reis*

ZUBEREITUNGSZEIT: ETWA 30 MINUTEN

### FÜR 8–10 STÜCK

6 frische Blätter von Rote-Bete-Pflanzen
150 g Wurzelgemüse (z. B. Pastinaken, Knollensellerie, verschiedenfarbige Karotten)
1 Knoblauchzehe
1 EL Olivenöl
Salz
frisch gemahlener schwarzer Pfeffer
1 TL frisch geriebener Meerrettich
130 g fertiger Sushi-Reis mit Perlgraupen

**Zum Anrichten**
Rote-Bete-Chips (siehe Tipps)
frisch geriebener Meerrettich
Basis-Dip-Sauce (siehe Seite 166)

### ZUBEREITUNG

Die Rote-Bete-Blätter kurz mit heißem Wasser überbrühen, kalt abschrecken und auf Küchenpapier trocknen lassen. Das Wurzelgemüse putzen, schälen und in dünne Stäbe schneiden. Den Knoblauch abziehen und längs halbieren. Das Gemüse und den Knoblauch auf einem mit Backpapier ausgelegten Backblech auslegen, mit dem Öl beträufeln und mit Salz und Pfeffer würzen. Das Gemüse im auf 200 °C vorgeheizten Backofen (Ober-/Unterhitze) etwa 15 Minuten backen. Das leicht gebräunte Ofengemüse abkühlen lassen. Die Knoblauchhälften mit einer Gabel zerdrücken und mit dem Meerrettich vermischen. Anschließend unter das Ofengemüse mischen.

Die Rote-Bete-Blätter auf der Makisu auslegen und mit dem Perlgraupen-Sushi-Reis eine Futo-Maki-Rolle vorbereiten (siehe Seite 172). Anschließend mit dem Ofengemüse als Füllung fertigstellen.

Die Futo-Maki-Rolle in 8–10 Stücke schneiden.

### ANRICHTEN

Die Sushis anrichten und mit den Rote-Bete-Chips und dem Meerrettich garnieren. Die Dip-Sauce in einem separaten Schälchen dazu servieren.

### TIPPS

**Für Sushi-Reis mit Perlgraupen müssen die auf Seite 10 angegebenen Angaben beachtet werden. Der Perlgraupenanteil darf 20 % der Gesamtmenge nicht überschreiten. Zusätzlich müssen die Perlgraupen, bevor sie zusammen mit dem Reis gekocht werden, 1 Stunde eingeweicht werden.**
**Für Rote-Bete-Chips eine Rote-Bete-Knolle in hauchfeine Scheiben schneiden (dabei Einmalhandschuhe tragen). Die Scheiben auf einem mit Backpapier bedeckten Backofengitter verteilen, mit etwas Olivenöl bepinseln und im auf 180 °C vorgeheizten Backofen (Umluft) etwa 40 Minuten trocknen.**

# Winter

# MAKI

*mit Bratapfel*

ZUBEREITUNGSZEIT: **ETWA 60 MINUTEN**

## FÜR 6–8 STÜCK

**Für die Glühweinsauce**
120 ml Glühwein
1 TL Maisstärkemehl

**Für Maki mit Bratapfel**
100 g gegarter Sushi-Reis
1 unbehandelte Zitrone
1 TL Zucker
1 Prise Salz
gemahlener Kardamom
Zimtpulver
zum Abschmecken Zitronensaft, fein geriebene Schale von ½ Zitrone, Zucker, etwas Salz, gemahlener Kardamom, gemahlener Zimt
1 Apfel (z. B. Gala)
1 TL brauner Zucker
1 TL Butter
4 Walnusskerne
100 g Rohmarzipan
etwas Puderzucker zum Ausrollen des Rohmarzipans

**Zum Anrichten**
einige feine Apfelspalten
1 EL Glühweinsauce
einige karamellisierte Maroni
Zimtrinde
Walnusskerne

## ZUBEREITUNG

### GLÜHWEINSAUCE

Vom Glühwein 1 EL abnehmen und beiseitestellen. Den restlichen Glühwein einkochen lassen. Anschließend das Stärkemehl mit dem beiseitegestellten Glühwein glatt rühren und den reduzierten Glühwein damit binden. Noch einige Minuten zu einer dickflüssigen Sauce einkochen lassen.

### MAKI MIT BRATAPFEL

Den Reis kochen (siehe Seite 8–9). Die Zitrone heiß waschen und gut abtrocknen. Dann die Schale fein abreiben und den Saft auspressen. Den fertiggegarten Reis mit dem Schalenabrieb und dem Saft der Zitrone, dem Zucker, dem Salz, dem Kardamom und dem Zimt marinieren und abkühlen lassen.
Mithilfe eines Apfelausstechers das Kerngehäuse des Apfels herausstechen. Vom Kerngehäuse etwa 1 cm abschneiden und damit die untere Öffnung im Apfel verschließen. Dann erst den braunen Zucker, dann die Butter in den Hohlraum füllen. Den Apfel in eine kleine ofenfeste Form stellen und im auf 180 °C vorgeheizten Backrohr etwa 45 Minuten braten. Anschließend das weich gegarte Fruchtfleisch mit einem Löffel von der Schale schaben und in eine Schale geben. Die Sauce aus der Form ebenfalls in die Schale gießen und unter das Fruchtfleisch mischen. Die Walnusskerne grob hacken.
Das Marzipan zu einem Rechteck in der Größe eines Algenblatts ausrollen, dabei etwas Puderzucker auf der Arbeitsfläche ausstreuen. Dann mit dem gewürzten Reis eine Futo-Maki-Rolle vorbereiten (siehe Seite 172). Anschließend mit dem gewürzten Apfel und den Walnüssen als Füllung fertigstellen.
Die Futo-Maki-Rolle in 6–8 Stücke schneiden. Sofort anrichten.

### ANRICHTEN

Die Sushis anrichten und mit den Apfelspalten, der Glühweinsauce, den Maroni, der Zimtrinde und den Walnüssen garnieren.

# ONIGIRI

## mit fermentiertem Chinakohl und Schmelzkäse

ZUBEREITUNGSZEIT: **ETWA 15 MINUTEN**

### FÜR 4 STÜCK

50 g fermentierter Chinakohl (siehe Seite 169)
50 g Schmelzkäse
280 g fertiger Sushi-Reis
2 EL feines Reismehl
200 ml Tempurateig (siehe Seite 168)
100 g Panko
neutrales Pflanzenöl zum Frittieren

**Zum Anrichten**
fermentierter Chinakohl

### ZUBEREITUNG

Den fermentierten Chinakohl gut ausdrücken und grob hacken. Den Schmelzkäse grob reiben und unter den Chinakohl mischen. Aus dem Sushi-Reis 4 Onigiri (siehe Seite 182) vorbereiten und mit der Chinakohl-Schmelzkäse-Mischung füllen. Die Onigiri erst im Reismehl wenden, dann in den Tempurateig tauchen und zuletzt im Panko wenden. Anschließend sofort in heißem Öl goldbraun und knusprig backen. Die Onigiri kurz auf Küchenpapier abtropfen lassen und sofort servieren.

### ANRICHTEN

Die Onigiri anrichten und mit dem Chinakohl in einem separaten Schälchen servieren.

### TIPP

Panko ist eine asiatische Variante von Paniermehl. Es wird aus trockenem Weißbrot, dem vorher die Rinde entfernt wurde, hergestellt. Die Konsistenz ist etwas flockiger als bei herkömmlichem Paniermehl. Die einzelnen Krümel sind länglich, porös und sorgen beim Frittieren oder Braten für eine zarte und knusprige Textur.

# MAKI

## mit Ofenkürbis

ZUBEREITUNGSZEIT: **ETWA 75 MINUTEN**

FÜR 6–8 STÜCK

**Für den Ofenkürbis**
1–2 Schalotten
1 EL neutrales Pflanzenöl
1 kleiner Eichelkürbis (alternativ Hokkaido oder Butternuss)
2 EL Butter
½ TL fein geriebener Ingwer
2 EL brauner Zucker
etwas Zimtpulver
etwas gemahlener Piment
Salz

**Für die Cranberry-Dip-Sauce**
70 ml trockener Rotwein
1 EL flüssiger Honig
2 EL salzreduzierte Sojasauce
2 EL getrocknete Cranberrys
Chiliflocken (optional)

**Für Maki mit Ofenkürbis**
1 Rettich (etwa 15 cm lang)
½ Nori-Algenblatt
100 g fertiger Sushi-Reis
⅔ Nori-Algenblatt

### ZUBEREITUNG

### OFEN-KÜRBIS

Die Schalotten abziehen und längs vierteln. Dann mit etwas Öl einstreichen, in dem braunen Zucker wälzen und auf einem mit Backpapier ausgelegten Backblech verteilen. Den Kürbis halbieren und mit einem Löffel das Kerngehäuse entfernen. Das Fruchtfleisch mit einem Messer kreuzförmig einschneiden, dabei aber sorgfältig darauf achten, die Schale nicht zu verletzen. Anschließend die Kürbishälften mit der Butter und dem fein geriebenen Ingwer ausstreichen, mit dem Zucker, dem Zimt, dem Piment sowie Salz würzen und zu den Schalotten auf das Backblech geben. Den Kürbis im auf 180 °C vorgeheizten Backofen (Ober-/Unterhitze) etwa 30 Minuten backen, dann die Schalotten entfernen und beiseitestellen. Den Kürbis noch etwa 30 Minuten weiterbacken. Der Kürbis ist fertig, sobald sich das Fruchtfleisch mit einem Löffel von der Schale schaben lässt. Das Fruchtfleisch komplett abschaben, fein hacken und abkühlen lassen. Ein ganzer Eichelkürbis reicht für etwa 2 Maki-Rollen.

### CRANBERRY-DIP-SAUCE

Alle Zutaten in einem kleinen Kochtopf oder einer Pfanne aufkochen und leicht köchelnd reduzieren lassen, bis die Sauce dickflüssig ist.

### MAKI MIT OFENKÜRBIS

Den Rettich putzen und längs halbieren. Mithilfe eines Sparschälers 4 breite, dünne Streifen von etwa 15 cm Länge abziehen. Dann mit dem halben Algenblatt und dem Reis eine Ura-Maki-Rolle (siehe Seite 174) vorbereiten und mit etwa der Hälfte des Ofenkürbisses und den Schalottenvierteln fertigstellen. Die fertige Rolle in das Zwei-Drittel-Algenblatt wickeln. Abschließend mit den Rettichstreifen auf der Makisu eine rechteckige Fläche auslegen und die Rolle darin einwickeln. Die Maki-Rolle in 6–8 Stücke schneiden.

### ANRICHTEN

Die Sushis anrichten und mit etwas Cranberry-Dip-Sauce garnieren. Die restliche Dip-Sauce in einem separaten Schälchen dazu servieren.

# KINDERSUSHI

ZUBEREITUNGSZEIT: **ETWA 15 MINUTEN**

### FÜR 5 STÜCK

1 kleine Karotte
Salz
3 halbe Nori-Algenblätter
30 g fertiger roter Sushi-Reis (siehe Seite 166)
100 g fertiger Sushi-Reis
50 g fertiger orangefarbener Sushi-Reis (siehe Tipp)

**Zum Anrichten**
10 kleine runde Formen aus Nori-Algenblatt
bunte Fruchtgummischnüre

### ZUBEREITUNG

Die Karotte schälen, in ein 10 cm langes Stück schneiden und dieses längs halbieren. Aus einer Hälfte einen Halbkreis mit etwa 1 cm Durchmesser schnitzen, aus der 2. Hälfte ein Dreieck mit etwa 1 cm Seitenlänge. Die Karotten etwa 5 Minuten in etwas Salzwasser garen und auf Küchenpapier abtropfen lassen.
Eine Algenblatthälfte in 4 gleichmäßig breite Streifen schneiden. Die beiden Karottenstücke in je einen Streifen wickeln. Aus den beiden restlichen Streifen und dem roten Sushi-Reis kleine Maki-Rollen (siehe Seite 170) vorbereiten.
Dann eine weitere Algenblatthälfte mit dem weißen Reis bedecken und die beiden vorbereiteten Maki-Rollen mit rotem Sushi-Reis an das untere und obere Ende legen. Die Enden so einrollen, dass in der Mitte ein Spalt bleibt, in den die beiden Maki-Rollen mit den Karotten eingepasst werden. Die Rolle mit der halbkreisförmigen Karotte erst so einpassen, dass die Rundung unten liegt. Danach die Rolle mit der dreieckigen Karotte so einlegen, dass eine Ecke nach oben zeigt. Dann den orangen Sushi-Reis darüber verteilen und mithilfe der Makisu rund formen. Anschließend die restliche Algenblatthälfte von oben darüberlegen und die Rolle ausformen. Die Rolle dann in 5 Stücke schneiden.

### ANRICHTEN

Die kleinen Algenblattkreise als Pupillen auf die Augen kleben und die Sushis anrichten. Mit den Fruchtgummischnüren garnieren.

### TIPP

**Für den orangefarbenen Sushi-Reis den Reis wie auf Seite 8–9 beschrieben zubereiten. 2–3 Karotten schälen, in Stücke schneiden und in Salzwasser etwa 20 Minuten weich garen. Abgießen, ausdampfen lassen und mit etwas Butter zu einem glatten Püree mixen. Den noch heißen Reis (500 g) mit 1 EL Karottenpüree färben.**

# MAKI

## *mit Maroni und Pastinake*

ZUBEREITUNGSZEIT: **ETWA 15 MINUTEN**

FÜR 6–8 STÜCK

**Für den Eierpfannkuchen**
1 Ei
½ TL Zucker
1 EL Mirin
Salz
1 TL neutrales Pflanzenöl

**Maki mit Maroni und Pastinake**
120 g Pastinake
1 TL neutrales Pflanzenöl
Salz
frisch gemahlener schwarzer Pfeffer
6–8 gebratene Maroni
½ Nori-Algenblatt
100 g fertiger Hagebutten-Ingwer-Reis (siehe Seite 166)

**Zum Anrichten**
karamellisierte Maroni
Pastinakenstroh
Honig-Chili-Sauce (mit Orangensaft zubereitet, siehe Seite 167) oder Orangen-Teriyaki-Sauce (siehe Seite 166)

### ZUBEREITUNG

### EIERPFANNKUCHEN

Alle Zutaten mit einem Schneebesen verrühren. In einer geölten Pfanne (20 cm Durchmesser) einen dünnen, hellen Pfannkuchen backen und zum Auskühlen auf Küchenpapier legen.

### MAKI MIT MARONI UND PASTINAKE

Die Pastinaken schälen und in feine Streifen schneiden. Das Öl in einer Pfanne erhitzen und die Pastinakenstreifen darin anbraten und mit Salz und Pfeffer würzen. Dann zum Abkühlen beiseitestellen. Mit dem Algenblatt und dem Reis eine Ura-Maki-Rolle vorbereiten (siehe Seite 174) und nach dem Wenden mit den Maroni und den Pastinakenstreifen als Füllung fertigstellen. Den Eierpfannkuchen in ein Rechteck von der Größe eines Algenblatts schneiden und die Ura-Maki-Rolle darin einwickeln. Dann in 6–8 Stücke schneiden.

### ANRICHTEN

Die Sushis zusammen mit den karamellisierten Maroni anrichten und mit dem Pastinakenstroh garnieren. Die gewählte Dip-Sauce in einem separaten Schälchen dazu servieren.

### TIPP

**Wer möchte, wickelt den Pfannkuchen in ein Nori-Algenblatt. So haben wir es für das Foto auf der rechten Seite gemacht.**

# URA-MAKI

## *mit Romanesco*

ZUBEREITUNGSZEIT: **ETWA 10 MINUTEN**

### FÜR 8–10 STÜCK

1 EL Rosinen
20 ml trockener Weißwein
100 g frische Romanesco-Röschen
1 EL geröstete Sonnenblumenkerne
½ unbehandelte Limette
1 TL Olivenöl
1 EL flüssiger Honig
⅔ Nori-Algenblatt
130 g fertiger Sushi-Reis
Wasabi (optional)

**Zum Anrichten**
Rote-Bete-Sprossen
Wasabi
Basis-Dip-Sauce (siehe Seite 166)
Gari (siehe Seite 168)

### ZUBEREITUNG

Die Rosinen 30 Minuten in den Weißwein einlegen, dann in ein Sieb gießen und gut abtropfen lassen. Die Romanesco-Röschen in einem Standmixer grob hacken. Die Rosinen und die Sonnenblumenkerne zugeben und kurz weitermixen. Die Limette heiß waschen und abtrocknen. Dann die Schale fein abreiben und zusammen mit dem ausgepressten Saft in den Mixer geben. Anschließend das Öl und den Honig zugeben und alles schön glatt mixen.

Mit dem Algenblatt und dem Sushi-Reis eine Ura-Maki-Rolle vorbereiten (siehe Seite 174). Nach dem Wenden nach Wunsch Wasabi auftragen und mit dem vorbereiteten Romanesco als Füllung fertigstellen.

### ANRICHTEN

Die Sushis anrichten und mit den Sprossen garnieren. Wasabi, Dip-Sauce und Gari in separaten Schälchen dazu servieren.

### TIPP

**Auch die Honig-Chili-Sauce kann gut dazu serviert werden. Sie bringt noch etwas Schärfe mit.**

# INARI

## *mit Roter Bete und Chili*

ZUBEREITUNGSZEIT: **ETWA 10 MINUTEN**

FÜR 5 STÜCK

50 g vorgegarte Rote Bete
100 g fertiger Rote-Bete-Reis (siehe Seite 166)
1 Frühlingszwiebel
1 milde rote Chilischote
100 ml Ahornsirup-Sauce (siehe Seite 167)
1 EL weißer Essig
5 Tofu-Taschen (aus dem Asia Shop)

**Zum Anrichten**
Frühlingszwiebelröllchen

### ZUBEREITUNG

Die Rote Bete in kleine Würfel schneiden. Eine Hälfte unter den Rote-Bete-Sushi-Reis rühren.
Die Tofu-Taschen mit Küchenpapier trockentupfen, die Päckchen vorsichtig öffnen und mit dem Rote-Bete-Sushi-Reis füllen. Dabei den Reis nicht zu fest drücken. Die Frühlingszwiebel putzen und in feine Röllchen schneiden. Die Chilischote waschen, entkernen und in feine Streifen schneiden. Einige Streifen für das Anrichten beiseitelegen.
Die Ahornsirup-Sauce mit dem Essig, den restlichen Rote-Bete-Würfeln, der Frühlingszwiebel und der Chilischote verrühren und in die Taschen füllen.

### ANRICHTEN

Die Inari mit der restlichen Ahornsirup-Sauce anrichten und mit den Frühlingszwiebelröllchen und den Chilistreifen garnieren.

### TIPP

**Diese Inari-Variante schmeckt auch sehr gut, wenn sie warm serviert wird.**

# DOPPELTES URA-MAKI

## *mit Rotkohl*

ZUBEREITUNGSZEIT: **ETWA 15 MINUTEN**

### FÜR 10 STÜCK

100 g geputzter Rotkohl
1 TL neutrales Pflanzenöl
1 TL Zucker
2 EL trockener Rotwein
etwas fein geriebener Ingwer
Salz
frisch gemahlener schwarzer Pfeffer
1 EL getrocknete Preiselbeeren oder Cranberrys
½ Nori-Algenblatt
70 g fertiger Sushi-Reis
¾ Nori-Algenblatt
80 g fertiger violetter Sushi-Reis (siehe Seite 166)
10 Haselnusskerne
¼ TL Currypulver
100 ml Tempurateig (siehe Seite 168)
1 EL feines Reismehl
neutrales Pflanzenöl zum Frittieren

**Zum Anrichten**
Honig-Chili-Sauce (siehe Seite 167)

### ZUBEREITUNG

Den Rotkohl fein schneiden. Das Öl in einer Pfanne erhitzen und den Zucker darin karamellisieren. Mit dem Rotwein ablöschen. Dann den Rotkohl und den Ingwer untermischen und 1–2 Minuten anbraten. Mit Salz und Pfeffer abschmecken und abkühlen lassen. Anschließend die Preiselbeeren untermischen.
Mit dem halben Algenblatt und dem weißen Reis eine dünne »Inside-out«-Rolle vorbereiten (siehe Seite 174) und nach dem Wenden mit dem Rotkohl als Füllung fertigstellen.
Mit dem Dreiviertel-Algenblatt und dem violetten Reis eine Ura-Maki-Rolle vorbereiten und nach dem Wenden mit der bereits fertigen Rolle als Füllung fertigstellen.
Die Haselnusskerne grob hacken und zusammen mit dem Currypulver unter den Tempurateig rühren. Die Ura-Maki-Rolle im Reismehl rollen, anschließend durch den Tempurateig ziehen und sofort im heißen Öl goldbraun frittieren. Die Rolle auf Küchenpapier abtropfen lassen und dann portionieren.

### ANRICHTEN

Die Sushis anrichten und die Dip-Sauce in einem separaten Schälchen dazu servieren.

# ONIGIRAZU

## mit Sauerkraut

ZUBEREITUNGSZEIT: **ETWA 15 MINUTEN**

FÜR 1 STÜCK

1 Nori-Algenblatt
100 g fertiger Sushi-Reis
70 g Sauerkraut
1 EL Kürbiskerne
100 ml Tempurateig
1 EL feines Reismehl
neutrales Pflanzenöl zum Frittieren

**Zum Anrichten**
8 Streifen gelbe Karotte
8 Streifen orange Karotte
10 g frisch geriebener Meerrettich
1 EL Schnittlauchröllchen
1 Tortilla-Chip
Honig-Chili-Sauce (siehe Seite 167)

### ZUBEREITUNG

Mit dem Algenblatt und der Hälfte des Sushi-Reises Onigirazu (siehe Seite 180) vorbereiten. Das Sauerkraut auf der Reisfläche verteilen und mit dem restlichen Sushi-Reis fertigstellen. Die ganzen Kürbiskerne unter den Tempurateig mischen. Das Onigirazu erst im Reismehl wenden, dann durch den Tempurateig ziehen und sofort im heißen Öl frittieren. Anschließend auf Küchenpapier abtropfen lassen und halbieren.

### ANRICHTEN

Mit den Karottenstreifen ein Gittermuster bilden und darauf die Onigirazu-Hälften anrichten. Mit dem Meerrettich, den Schnittlauchröllchen und dem Tortilla-Chip garnieren. Die Dip-Sauce in einem separaten Schälchen dazu servieren.

### TIPP

Für das Karottengitter die gelben Streifen eng nebeneinander auf den Teller legen. Dann jeden zweiten Streifen bis zur Hälfte umklappen und einen orangen Streifen quer über die liegenden Streifen legen. Die hochgeklappten Streifen wieder zurücklegen und die anderen Streifen hochklappen. Den nächsten orangen Streifen quer über die gelben Streifen legen. Diesen Vorgang wiederholen, bis 4 Streifen quer liegen, dann auf der anderen Tellerhälfte ebenso verfahren. Das entstandene Gitter nach Wunsch an den Rändern begradigen.

# TEMPURA-MAKI

## mit Schwarzwurzel

ZUBEREITUNGSZEIT: **ETWA 15 MINUTEN**

### FÜR 8 STÜCK

250 g vorgegarte Schwarzwurzeln
2 EL Tomaten-Paprika-Sauce (siehe Seite 167)
100 g geputzter Rotkohl
1 Nori-Algenblatt
200 g fertiger Sushi-Reis
Wasabi (optional)
1 EL feines Reismehl
200 ml Tempurateig (siehe Seite 168)
50 g Panko
neutrales Pflanzenöl zum Frittieren

**Zum Anrichten**
einige Sprossen nach Wahl
Curry-Kürbiskern-Krokant (siehe Seite 58)

### ZUBEREITUNG

Die Schwarzwurzeln trockentupfen, schräg in etwa 5 mm dicke Stücke schneiden und mit der Tomaten-Paprika-Sauce vermischen. Den Rotkohl in sehr feine Streifen schneiden.
Aus dem Algenblatt, dem Reis und der gewünschten Wasabimenge eine dicke Maki-Rolle ohne Füllung formen und diese gleichmäßig in 4 Portionen unterteilen. Die Maki-Stücke erst im Reismehl wenden, dann durch den Tempurateig ziehen, anschließend im Panko wenden und danach sofort im heißen Öl frittieren. Die goldbraunen Tempura-Maki auf Küchenpapier abtropfen lassen. Dann die heißen Maki quer halbieren.

### ANRICHTEN

Die heißen Tempura-Maki-Hälften mit der Schnittfläche nach oben anrichten und die marinierten Schwarzwurzeln und die Rotkohlstreifen darauf verteilen. Mit den Sprossen und dem Curry-Kürbiskern-Krokant garnieren.

# FUTO-MAKI

## *mit Ofensellerie*

ZUBEREITUNGSZEIT: **ETWA 40 MINUTEN FÜR DIE MAKI-ROLLE**

### FÜR 8–10 STÜCK

1 TL Rosinen
20 ml trockener Weißwein
150 g geputzter Knollensellerie
1 TL Olivenöl
1 TL Honig oder Ahornsirup
½ TL Baharat-Gewürzmischung
Salz
einige Blätter Radicchio
1 Nori-Algenblatt
130 g fertiger Sushi-Reis

**Zum Anrichten**
Baharat-Gewürzmischung
ungesüßter, gepuffter Dinkel
BBQ-Mayonnaise

### ZUBEREITUNG

Die Rosinen für 30 Minuten in Weißwein einweichen, dann in ein Sieb gießen und gut abtropfen lassen. Den Sellerie schälen und in grobe Stücke schneiden. Das Olivenöl, den Honig, das Baharat und etwas Salz vermischen und den Sellerie damit marinieren. Die Selleriestücke auf ein großes Blatt Backpapier legen und das Backpapier über dem Sellerie zusammenfalten. Das Päckchen auf einem Backblech im auf 200 °C vorgeheizten Backofen (Ober-/Unterhitze) 20 Minuten backen. Anschließend abkühlen lassen. Den Radicchio waschen, trockentupfen und in feine Streifen schneiden.
Mit dem Algenblatt und dem Sushi-Reis eine Futo-Maki-Rolle (siehe Seite 172) vorbereiten und mit dem Sellerie, dem Radicchio und den Rosinen als Füllung fertigstellen. Die Rolle portionieren.

### ANRICHTEN

Die Sushis anrichten und mit Baharat und gepufftem Dinkel garnieren. Die BBQ-Mayonnaise in einem separaten Schälchen dazu servieren.

# WÄRMENDE WINTERBOWL

ZUBEREITUNGSZEIT: ETWA 20 MINUTEN

### FÜR 2 BOWLS

300 g fertiger Sushi-Reis
¼ TL fein geriebener Ingwer
1 Msp. gemahlener Kardamom
2 dünne Spalten geputzter Hokkaido
1 TL neutrales Pflanzenöl
½ TL Zucker
1 Msp. Baharat-Gewürzmischung
Salz
frisch gemahlener schwarzer Pfeffer
½ kleine Pastinake
1 kleine Karotte
1 TL Kürbiskerne
100 ml Tempurateig (siehe Seite 168)
1 TL feines Reismehl
neutrales Pflanzenöl zum Frittieren
½ Birne
½ kleine, vorgegarte Rote Bete
6 gebratene Maroni
80 g fermentierter Chinakohl (siehe Seite 169)

**Zum Anrichten**
einige Süßkartoffel- und Rote-Bete-Chips
2 Walnusshälften
Basis-Dip-Sauce (siehe Seite 166)

### ZUBEREITUNG

Den Sushi-Reis mit dem Ingwer und dem Kardamom mischen und beiseitestellen. Einen ½ TL Öl in einer Pfanne erhitzen, die Kürbisspalten auf beiden Seiten anbraten und mit dem Zucker, dem Baharat, Salz und Pfeffer würzen. Die Pastinake schälen und in etwa 2 mm dicke Scheiben schneiden. Einen weiteren ½ TL Öl in der Pfanne erhitzen, die Pastinaken anbraten und mit Salz und Pfeffer würzen. Die Karotte schälen und längs halbieren. Die Kürbiskerne unter den Tempurateig rühren. Die Karottenhälften im Reismehl wenden, durch den Tempurateig ziehen und im heißen Öl frittieren. Dann auf Küchenpapier abtropfen lassen. Das Kerngehäuse der Birne entfernen und das Fruchtfleisch in Spalten schneiden.

### ANRICHTEN

Den Sushi-Reis auf 2 Schalen verteilen und die Kürbisspalten, die Pastinaken, die Karottenhälften, die Birnenspalten, die Maroni und den Chinakohl darauf anrichten. Mit den Chips und den Walnusshälften garnieren. Die Dip-Sauce in einem separaten Schälchen dazu servieren.

### TIPP

**Diese Bowl kann auch kalt serviert werden.**

# Basics & Steps

## SUSHI-REIS
## SUSHI-REIS-MARINADE

### FÜR 1 KG ROHEN SUSHI-REIS:

70 ml Essig (ca. 4,5 % Säure)
35 g weißer Kristallzucker
7 g Salz

Für die Reismarinade alle Zutaten in einem Kochtopf vermischen und kurz erwärmen, bis sich der Zucker aufgelöst hat. Anschließend abkühlen lassen und in Flaschen abfüllen.

**Brennnesselreis**

Hierzu 2 Handvoll junge Brennnesseln kurz mit heißem Wasser überbrühen, mit kaltem Wasser abspülen und pürieren. Etwa 500 g Brennnesselpüree unter 500 g marinierten Sushi-Reis heben.

Ebenso können Spinat oder Kräuter zum Grünfärben verwendet werden.

**Rote-Bete-Reis**
Zusammen mit der Sushi-Reis-Marinade 1–2 EL Rote-Bete-Püree einer Menge von 500 g Reis beimischen. Wer möchte, kann auch noch am Geschmack feilen und etwas fein geriebenen Meerrettich und Ingwer beimischen.

**Violetter Reis**
Dazu wird schwarzer Klebreis benötigt. Bei Zugabe von 10–15 % zur Gesamtreismenge erhält man ein dunkelviolettes Endprodukt. Der Klebreis muss aber vorher über Nacht in Wasser eingeweicht werden, damit er beim Kochprozess zusammen mit dem Sushi-Reis auch weich wird. Für eine dunklere Färbung das Einweichwasser des Klebreises zum Kochen verwenden.

**Gelber Safran-Curry-Reis**
Auf eine Tasse Reis ½ TL Madras-Curry (mild) und einige Safranfäden zum Kochwasser geben.

**Hagebutten-Ingwer-Reis**
Diesen verwenden wir im Buch für ein Rezept für den Winter. Hierfür kochen Sie einen intensiven Hagebuttentee mit einigen Scheiben Ingwer. Anstatt Wasser verwenden Sie nun den Tee zum Kochen des Reises.

### STEINPILZÖL

**Zubereitungszeit:** ca. 15 Minuten plus 2–3 Wochen Ruhezeit; für ca. 300 ml

20 g getrocknete Steinpilze
300 ml gutes neutrales Pflanzenöl (z. B. Sonnenblumen-, Rapskernöl)
1 Knoblauchzehe
1 Zweig Thymian

Die getrockneten Steinpilze grob hacken und mit einem Teil des Öls erwärmen. Den Knoblauch abziehen. Alle Zutaten in eine Flasche füllen und an einem dunklen Ort 2–3 Wochen aufbewahren. Vor der Weiterverwendung abseihen.

### ROSENESSIG

**Zubereitungszeit:** ca. 15 Minuten plus 3 Wochen Ruhezeit; für ca. 250 ml

1 Handvoll unbehandelte rote Blätter von Duftrosenblüten
250 ml neutraler milder weißer Essig

Die Rosenblätter in ein Glas geben und mit dem Essig aufgießen, bis die Blütenblätter gut bedeckt sind. Das Glas verschließen und 3 Wochen an einen sonnigen Ort stellen. Vor der Weiterverwendung abseihen und den Essig dunkel aufbewahren.

## DIP-SAUCEN

### BASIS-DIP-SAUCE

**Zubereitungszeit:** ca. 10 Minuten; für ca. 90 ml

1 unbehandelte Zitrone
60 ml salzreduzierte Sojasauce
30 ml Mirin

Die Zitrone heiß abwaschen und abtrocknen. Dann die Schale fein abreiben und den Saft auspressen. Die Sojasauce mit Mirin und etwas Schalenabrieb und -saft der Zitrone vermischen.

### ORANGEN-TERIYAKI-SAUCE

**Zubereitungszeit:** ca. 15 Minuten; für ca. 300 ml

2 Knoblauchzehen
1 EL neutrales Pflanzenöl
5 Scheiben Ingwer
100 g Zucker
300 ml Sojasauce
300 ml Mirin
100 ml Sake (japanischer Reiswein)
200 ml Orangensaft
etwas Schalenabrieb einer unbehandelten Orange
2 EL Sesamöl (aus geröstetem Sesam, erhältlich im Asia Shop)

Den Knoblauch abziehen und in Scheiben schneiden. Das Öl erhitzen und den Knoblauch zusammen mit dem Ingwer rösten. Den Zucker zugeben und karamellisieren. Die Sojasauce, den Mirin, den Sake, den Orangensaft und den Schalenabrieb zufügen und dickflüssig (auf ca. 150 ml) einkochen. Das Sesamöl unterrühren und abkühlen lassen.

**Variante**
Die abgekühlte Sauce kann auch mit Mayonnaise gemischt werden.

TIPP
Teriyaki ist eine sehr beliebte japanische Sauce, die unter anderem für die Zubereitung von Gerichten auf einem Teppanyaki sowie als Marinade ihre Verwendung findet. Es gibt sie als fertige Variante zu kaufen. Diese kann mit dem Saft und -abrieb von 1 unbehandelten Orange ebenfalls zu einer Orangen-Teriyaki-Sauce dickflüssig eingekocht werden.

## CHILISAUCE

**Zubereitungszeit:** ca. 40 Minuten; für ca. 400 ml

300 g milde rote Chilischoten oder rote Spitzpaprika

50 g scharfe kleine Chilischoten

5–6 Knoblauchzehen

150 ml weißer Essig

4 EL Zucker

2 TL Salz

Die Chilischoten waschen, putzen und entkernen. Den Knoblauch abziehen. Beides grob zerkleinern und zusammen mit den restlichen Zutaten und 150 ml Wasser in einem Standmixer fein pürieren. Anschließend in einen Topf umfüllen und 30 Minuten auf etwa die Hälfte einkochen. Nach Wunsch durch ein Sieb streichen und dann abkühlen lassen.

## HONIG-CHILI-SAUCE

**Zubereitungszeit:** ca. 5 Minuten; für ca. 200 ml Sauce

50 ml Chilisauce

100 ml flüssiger Honig

1 EL Zitronen- oder Orangensaft

etwas Schalenabrieb einer unbehandelten Orange

Alle Zutaten gut verrühren.

## MAYONNAISE

**Zubereitungszeit:** ca. 5 Minuten; für ca. 120 ml

1 Eigelb

100 ml neutrales Pflanzenöl

1 EL mittelscharfer Senf

Zitronensaft, Salz, Pfeffer

Das Eigelb in einen hohen Mixbecher geben. Einen Stabmixer in den Becher stellen. Das Pflanzenöl in einem dünnen Strahl hineinfließen lassen und mit dem Stabmixer hineinmixen. Den Senf hinzufügen. Mit Zitronensaft, Salz und Pfeffer würzen.

## CHILI-MAYONNAISE

Je nach angestrebtem Schärfegrad mischen Sie die gewünschte Menge Mayonnaise in die Chilisauce. Nach Geschmack Zitronensaft beigeben.

## MISO-MAYONNAISE

**Zubereitungszeit:** ca. 5 Minuten; für ca. 200 ml Sauce

120 ml Mayonnaise

40 g helle Miso-Paste

1 EL Ahornsirup

2 EL Mirin

1 EL Essig

Alle Zutaten gut verrühren.

## BBQ-MAYONNAISE

Wählen Sie eine BBQ-Sauce Ihres Geschmacks und mischen Sie diese 1:1 mit Mayonnaise.

## KORIANDER-DIP-SAUCE

**Zubereitungszeit:** ca. 5 Minuten; für ca. 250 ml Sauce

150 ml salzreduzierte Sojasauce

50 ml Mirin

50 ml frisch gepresster Orangensaft

1 EL gehackte frische Korianderblätter

Alle Zutaten gut verrühren.

TIPP
Im Winter hervorragend mit frisch gepresstem Mandarinen- anstatt Orangensaft.

## AHORNSIRUP-SAUCE

**Zubereitungszeit:** ca. 10 Minuten; für ca. 200 ml Sauce

100 ml salzreduzierte Sojasauce

100 ml Ahornsirup

100 ml Mirin

3–4 Scheiben Ingwer

Alle Zutaten gemeinsam um die Hälfte einkochen. Anschließend den Ingwer entfernen. Die Sauce abkühlen lassen.

## TOMATEN-PAPRIKA-SAUCE

**Zubereitungszeit:** ca. 5 Minuten; für ca. 200 ml Sauce

120 ml Mayonnaise

30 ml Schmand oder Sauerrahm

1 EL Tomatenmark

1 TL geräuchertes Paprikapulver

1 EL Essig

1 EL Ahornsirup oder flüssigen Honig

½ TL Zwiebelpulver

½ TL Knoblauchpulver

Salz

Alle Zutaten gut verrühren.

## PILZ-DIP-SAUCE

**Zubereitungszeit:** ca. 20 Minuten; für ca. 300 ml Sauce

100 g aromatische frische Pilze nach Wahl (alternativ etwas weniger getrocknete Steinpilze)

1 kleine Knoblauchzehe

½ Schalotte

¼ TL Ingwer

1 EL neutrales Pflanzenöl

200 ml Basis-Dip-Sauce (siehe Seite 166)

Getrocknete Pilze vor der Weiterverwendung in etwas Wasser einlegen, bis sie weich sind. Frische Pilze putzen und fein hacken. Den Knoblauch und die Schalotte abziehen und fein hacken. Den Ingwer schälen und fein reiben. Das Öl erhitzen und den

Knoblauch, die Schalotten und die Pilze (eingeweichte Pilze gut ausdrücken) kurz anbraten. Den Ingwer, gegebenenfalls das Einweichwasser der Pilze und die Allzweck-Dip-Sauce zugeben und einmal aufkochen lassen. Anschließend abkühlen lassen.

### TEMPURATEIG

**Zubereitungszeit:** ca. 5 Minuten; für ca. 500 ml Sauce

100 g Mehl Type 405
100 g Maisstärkemehl
etwas Salz
1 Eigelb
300 ml eiskaltes Sodawasser

Das Mehl und die Maisstärke in eine Schale sieben und das Salz untermischen. Dann das Eigelb mit dem Sodawasser verrühren und die Mehlmischung kurz unterrühren. Den Tempurateig sofort weiterverwenden.

TIPP

Fertigmischungen, oft auch als Tempuramehl bezeichnet, sind mittlerweile in allen gut sortierten Supermärkten erhältlich. Meist wird darin Weizenmehl als Grundlage verwendet. Traditionell wird in Japan für die Herstellung von Tempurateig allerdings feines Reismehl verwendet.

## FERMENTIERTES GEMÜSE

### GARI – EINGELEGTER INGWER

**Zubereitungszeit:** ca. 45 Minuten plus 7 Tage Ruhezeit; für ca. 400 g

400 g möglichst junger Ingwer
23 g Salz
350 ml Reisessig oder Zitronensaft
200 g Zucker

Die Zitrone heiß abwaschen und die Schale des Ingwers mithilfe eines Teelöffels abschaben. Die Knollen in sehr feine Scheiben schneiden und mit 15 g Salz gut vermischen. Das Ganze 15 Minuten ziehen lassen. 1 l Wasser mit 100 ml Reisessig (alternativ kann hier auch die gleiche Menge Zitronensaft verwendet werden) aufkochen und die Ingwerscheiben 3 Minuten köcheln lassen. Anschließend durch ein Sieb gießen, kurz mit kaltem Wasser abspülen und dann sehr kompakt in ein steriles Glas legen. Den restlichen Reisessig (250 ml), den Zucker und das restliche Salz (8 g) erwärmen und kurz aufkochen, bis der Zucker vollständig aufgelöst ist. Die Marinade anschließend abkühlen lassen. Die Marinade dann über den Ingwer gießen. Die Ingwerscheiben sollten komplett von der Marinade bedeckt sein. Gegebenenfalls können die Ingwerscheiben mit einem Gewicht nach unten gedrückt werden. Das Glas verschließen. Den eingelegten Ingwer 7 Tage im Kühlschrank durchziehen lassen.

TIPP

Die Verwendung von Rosenessig anstatt Reisessig (alternativ einige ungespritzte rote Duftrosenblätter in das Glas geben) verleiht dem Ingwer eine zartrosa Färbung.

### FERMENTIERTE KNOBLAUCHSRAUKE

**Zubereitungszeit:** ca. 30 Minuten plus 3–4 Tage Ruhezeit; für ca. 400 g

60 g weißer Rettich
300 g frische, geputzte Knoblauchsrauke
10 g Salz
2 EL Zucker
15 g Ingwer
2 Knoblauchzehen
1 EL rote Paprikaflocken
2 EL Sojasauce

Den Rettich längs vierteln und in feine Scheiben schneiden. Die Knoblauchsrauke und den Rettich mit dem Salz vermischen und 30 Minuten ziehen lassen. Zucker in etwas Wasser auflösen. Den Ingwer schälen und fein reiben. Den Knoblauch abziehen. Den Ingwer und den Knoblauch zusammen mit dem aufgelösten Zucker und den restlichen Zutaten zur Knoblauchsrauke geben und untermischen. Das Gemisch in sterile Gläser abfüllen und wenn notwendig mit einem Gewicht beschweren. Die Knoblauchsrauke und der Rettich sollten mit Flüssigkeit bedeckt sein. Das Ganze 3–4 Tage zum Fermentieren an einen dunklen Platz stellen. Danach im Kühlschrank aufbewahren.

### FERMENTIERTER SAFRAN-RETTICH

**Zubereitungszeit:** ca. 45 Minuten plus 4–5 Tage Ruhezeit; für ca. 400 g

400 g Rettich
10 g Meersalz
2 Scheiben Ingwer
einige Safranfäden
einige Fenchelsamen
einige schwarze Pfefferkörner

Den Rettich putzen, in feine Streifen schneiden, mit dem Salz mischen und ca. 30 Minuten ziehen lassen. Den Rettich dann durch ein Sieb gießen und dabei den Saft auffangen. Den Rettichsaft mit den Gewürzen und 100 ml Wasser verrühren und unter die Rettichstreifen mischen. Das Ganze in sterile Gläser abfüllen, dabei die Rettichstreifen kompakt einfüllen, damit sie komplett mit der Marinade bedeckt sind. Gegebenenfalls können die Rettichstreifen mit einem Gewicht nach unten gedrückt werden. Die Gläser verschlossen 4–5 Tage zum Fermentieren an einen dunklen Platz stellen. Danach im Kühlschrank aufbewahren.

### FERMENTIERTER RETTICH

**Zubereitungszeit:** ca. 45 Minuten plus 5–6 Tage Ruhezeit; für ca. 500 g

400 g junger weißer Rettich
10 g Meersalz
5–6 Bärlauchblätter, in Streifen geschnitten (alternativ Knoblauch, fein geschnitten)
50 ml salzreduzierte Sojasauce

1 EL Zucker
1 TL fein geriebener Ingwer
einige milde Chiliflocken

Den Rettich putzen, in feine Streifen oder kleine Würfel schneiden, mit dem Salz mischen und ca. 30 Minuten ziehen lassen. Den Rettich dann durch ein Sieb gießen und dabei den Saft auffangen. Den Bärlauch putzen und in Streifen schneiden (alternativ kann auch in Scheiben geschnittener Knoblauch verwendet werden). Den Rettichsaft mit dem Bärlauch, den Gewürzen und 100 ml Wasser verrühren und unter den Rettich mischen. Das Ganze in sterile Gläser abfüllen, dabei den Rettich kompakt einfüllen, damit er komplett mit der Marinade bedeckt ist. Gegebenenfalls kann der Rettich mit einem Gewicht nach unten gedrückt werden. Die Gläser verschlossen 5–6 Tage zum Fermentieren an einen dunklen Platz stellen. Danach im Kühlschrank aufbewahren.

## FERMENTIERTER CHINAKOHL À LA KIMCHI

**Zubereitungszeit:** ca. 45 Minuten plus 12 Stunden bzw. 5–6 Tage Ruhezeit; Zutaten für ca. 500 g

500 g Chinakohl
30 g Salz
1 EL Reismehl
½ Apfel oder Birne
½ Nori-Algenblatt (optional)
3–4 Knoblauchzehen
10 g fein geriebener Ingwer
1 EL Zucker
3 EL Sojasauce
1 EL Gochugaru-Chiliflocken

Den Chinakohl putzen und in etwa 2 cm breite Streifen schneiden. Die Streifen mit 20 g Salz mischen und abgedeckt über Nacht bei Zimmertemperatur ziehen lassen. Die ausgetretene Flüssigkeit abgießen und die Chinakohlstreifen leicht ausdrücken. Das Reismehl mit 200 ml Wasser glatt rühren und unter ständigem Rühren aufkochen. Anschließend abkühlen lassen. Den Apfel bzw. die Birne entkernen, schälen und grob reiben. Das Algenblatt gegebenenfalls in kleine Stücke brechen. Den Knoblauch abziehen und fein schneiden. Die Reismehlsauce, den Apfel, das Algenblatt, den Knoblauch sowie die restlichen Zutaten über die Chinakohlstreifen geben, alles gut vermischen und in ein steriles Glas abfüllen. Gegebenenfalls kann der Chinakohl mit einem Gewicht nach unten gedrückt werden. Die Gläser verschlossen 5–6 Tage zum Fermentieren an einen dunklen Platz stellen. Danach im Kühlschrank aufbewahren.

## SÜSSSAURER KÜRBIS

**Zubereitungszeit:** ca. 30 Minuten; für ca. 500 g

100 ml neutraler weißer Essig (z. B. Aceto balsamico)
150 ml flüssiger Honig (ersatzweise Zucker)
etwas Salz
2–3 Scheiben Ingwer
1 Chilischote
10 Pimentkörner
5 Gewürznelken
einige schwarze Pfefferkörner
400 g geschälter und entkernter Butternusskürbis

Alle Zutaten außer dem Kürbis zusammen mit 300 ml Wasser in einem Topf aufkochen und einige Minuten ziehen lassen, damit sich die Aromen der Gewürze entfalten können. Dann den Kürbis in 1 cm dicke Stücke schneiden, in die Marinade einlegen und weiter 5 Minuten leicht köcheln lassen. Anschließend den Topf vom Herd ziehen und die Kürbisscheiben in der Marinade auskühlen lassen.

### TIPP

Grundsätzlich können hierfür die verschiedensten Speisekürbisse verwendet werden. Wir verwenden am liebsten den Butternusskürbis. Dieser hat sehr festes und feinfaseriges Fruchtfleisch. Das Kerngehäuse beschränkt sich auf den unteren Teil, daher können aus dem oberen Anteil sehr schöne Scheiben geschnitten werden.

## FICHTENWIPFELSIRUP (»MAIWIPFERL«)

**Zubereitungszeit:** ca. 5 Minuten plus 14 Tage Ruhezeit; für ca. 300 ml

400 g junge Fichtenspitzen
400 g Rohzucker

Schichtweise die Fichtenwipfel und den Rohzucker in ein steriles Glas geben. Das Glas verschlossen am Fenster 2 Wochen stehen lassen und dann abseihen. Den Sirup auffangen und in eine Flasche abfüllen.

# Sushi zubereiten: Step by Step

Hier zeigen wir Schritt für Schritt, wie verschiedene Sushis richtig zubereitet werden. In den einzelnen Rezepten zeigen wir die Herstellungsschritte daher nicht.

Ganz wichtig ist die richtige Festigkeit beim Rollen und Formen der Sushis. Sushi sollte nicht zu fest gedrückt werden. Sushi sollte nur so fest sein, dass es ohne zu brechen vom Teller in den Mund kommt, aber im Mund sollte es durch leichten Druck der Zunge gegen den Gaumen zerfallen. Maki, Nigiri, Gunkan-Maki, Te-Mari sollten im Idealfall von der Größe genau einen Bissen ergeben.

Bevor Sie mit der Zubereitung beginnen, richten Sie den Arbeitsplatz ein. Ein Schneidebrett, ein gutes Messer zum Schneiden der Zutaten und auch zum Schneiden der fertigen Maki oder Oshis. Eine Schale Wasser zum Befeuchten der Hände, ein feuchtes, sauberes Tuch zum Reinigen und Befeuchten des Messers, eine Rolle Frischhaltefolie (wo benötigt) sowie alle Zutaten. Auch ein Teller oder eine Platte zum Anrichten sowie kleine Schälchen mit den Sushi-Begleitern sollten parat stehen.

## Maki – Sushi-Rollen

Bei unseren Schritt-für-Schritt-Anleitungen rollen wir die Maki in Nori-Algenblätter. Sie können jedoch die verschiedensten Gemüse (wie im Rezeptteil angegeben) als Hülle für die Maki verwenden. Aber nichts funktioniert so einfach wie das vorgeformte rechteckige und feste Nori-Algenblatt.

Richtiges Rollen der Maki will gelernt sein. Bei Makis gilt: Je weniger Füllung, desto lockerer können diese gerollt werden. »Inside out«-Maki mit viel Füllung etwas fester drücken. Wer noch nie Maki gerollt hat, benötigt wahrscheinlich 2–3 Rollen zur Übung, bis diese die perfekte Festigkeit (nicht zu locker, nicht zu fest) aufweisen. Für ein optisch schönes Ergebnis ist es besonders wichtig, dass die Füllung, von der Reisschicht ummantelt, schön in der Mitte der Rolle ist.

Beim Betrachten der Schnittfläche sollten die einzelnen Reiskörner gut zu sehen sein. Bei zu fest gedrückten Rollen oder fehlerhafter Reiszubereitung verwandelt sich das Schnittbild in eine unschöne klebrige Masse. Zum Formen der Makis wird eine Rollmatte, die Makisu, benötigt. Traditionell ist sie aus Bambusstäbchen gefertigt. Heutzutage gibt es auch Varianten aus Silikon. Da die Matte beim Rollen mit dem Nori-Blatt in Berührung kommt, muss sie immer trocken sein. Keine (noch) feuchten oder gar nassen Matten verwenden.

# Hoso-Maki – die dünne Rolle

In der Hoso-Maki-Rolle wird meist nur eine Zutat in den Reis gerollt. Sollen mehrere Zutaten gleichzeitig verwendet werden, dann dementsprechend kleine Mengen zufügen, da sich die dünne Rolle sonst nicht mehr verschließen lässt.

1. Schneiden Sie das Nori-Blatt an der schmaleren Seite in der Mitte durch.

2. Legen Sie das halbe Nori-Blatt mit der rauen Seite nach oben auf die Bambusrollmatte (Makisu). Es sollte gut 1 cm vom unteren Rand der Makisu liegen.

3. Befeuchten Sie Ihre Hände und geben ca. 70 g fertigen Sushi-Reis auf das Nori-Blatt.

4. Verteilen Sie den Reis auf dem Nori-Blatt locker mit den Fingern. Nicht zu fest andrücken. Den Reis bis an beide Seitenränder gleichmäßig auftragen. Nur am oberen Rand lassen Sie 1–2 cm frei. Das Nori-Blatt muss hier beim Rollen leicht überlappen. Hier drücken Sie 3–4 Reiskörner darauf, damit sich die Rolle gut verkleben lässt.

5. Die Füllung kommt auf das untere Drittel des Reises. Starten Sie mit etwas Wasabi oder Meerrettich.

6. Platzieren Sie die Füllung darauf. Achten Sie darauf, dass nicht zu viel Füllung verwendet wird. Ansonsten kann das Nori-Blatt nicht mehr überlappen.

7. Rollen Sie das Maki mit beiden Händen ein. Halten Sie das Ende der Makisu mit beiden Daumen und Zeigefingern fest. Mit den anderen drei Fingern jeder Hand halten Sie die Füllung, damit diese nicht nach vorne rutscht.

8. Rollen Sie so weit, bis die Endseite der Makisu den Reis berührt, und drücken Sie die Rolle leicht zusammen.

9.–10. Ziehen Sie mit einer Hand die Makisu hoch und rollen Sie mit der anderen Hand mit wenig Druck weiter, bis das Maki ganz eingerollt ist.

11. Die traditionelle Maki-Form ist leicht eckig gedrückt. Hierfür drücken Sie die Rolle rechts und links mit Daumen und Mittelfinger. Mit den beiden Zeigefingern drücken Sie von oben. Sie beginnen mit dem Eckigdrücken in der Mitte und ziehen die Hände nach außen.

12. Steht an den Enden etwas Reis heraus, nehmen Sie die befeuchteten Finger oder ein feuchtes, sauberes Tuch und drücken Sie diesen zurück. Die anderen Zutaten können ruhig überstehen, das gibt beim Anrichten ein dekoratives Bild. Fertig ist das Hoso-Maki.

13. Die dünne Hoso-Maki-Rolle wird mit einem befeuchteten scharfen Messer in 6 Stücke geschnitten. Dabei kann nach Belieben gerade oder schräg im Winkel geschnitten werden.

14. Hier sehen Sie das geschnittene fertige Hoso-Maki. Die Füllung sollte schön in der Mitte sein und möglichst gleichmäßig vom Reis ummantelt.

## Futo-Maki – die dicke Rolle

In der dicken Futo-Maki-Rolle können verschiedenste Zutaten als Füllung kombiniert werden. So bietet das Futo-Maki ein interessanteres Geschmackserlebnis.

1. Für die dicke Rolle verwenden Sie ein ganzes Nori-Blatt. Wieder mit der rauen Seite nach oben gelegt.
2. Befeuchten Sie Ihre Hände und geben ca. 130 g fertigen Sushi-Reis auf das Nori-Blatt. Verteilen Sie den Reis auf dem Nori-Blatt locker mit den Fingern. Nicht zu fest andrücken. Den Reis bis an beide Seitenränder gleichmäßig auftragen. Nur am oberen Rand lassen Sie 4–5 cm frei. Wird das Nori-Blatt bis oben hin mit Reis gefüllt, wird die Rolle zu groß. Am oberen Ende drücken Sie 3–4 Reiskörner darauf, damit sich die Rolle gut verkleben lässt.

3.–9. Schritt für Schritt wie bei der dünnen Hoso-Maki-Rolle. Jedoch mit etwas mehr Druck rollen als beim dünnen Hoso-Maki, damit die Füllung im Reis gut zusammenhält.

10. Die dicke Futo-Maki-Rolle in 8–10 Stücke schneiden.

11. Hier sehen Sie die fertige Futo-Maki-Rolle.

# Ura-Maki – die >>Inside-out<<-Rolle

Die sogenannte »Inside-out«-Rolle hat ihren Ursprung in Kalifornien. Dort ansässige japanische Sushi-Meister begannen das mit Reis belegte Nori umzudrehen, sodass der Reis außen ist. Da das Maki mit dem Sushi-Reis außen eine klebrige Oberfläche erhält, kann diese noch mit den verschiedensten Zutaten belegt werden. Das gibt nicht nur für das Auge wunderschöne Rollen, sondern es können die verschiedensten Zutaten für ein noch besseres Geschmackserlebnis kombiniert werden. Da der außen liegende Reis zwischen den Bambusstäbchen der Makisu kleben würde, muss diese vor Verwendung mit Frischhaltefolie foliert werden.

1.–2. Da die Rolle mit einem ganzen Nori-Blatt zu groß werden würde, muss etwa ein Drittel des Nori-Blattes der langen Seite abgeschnitten werden. Diese Abschnitte können später für andere Sushi-Arten verwendet werden. Für dünne Ura-Maki-Rollen wird das Nori-Blatt halbiert. Die gesamte Fläche des verwendeten Nori-Blattes wird für das »Inside-out«-Maki dünn mit Reis belegt.

3. Wir nehmen das mit Reis belegte Nori-Blatt jeweils mit Daumen und Zeigefinger an den beiden von uns entfernten Ecken und wenden es, sodass der Reis unten auf der Makisu liegt. Es sollte wieder schön gerade auf der Makisu liegen, etwa 1 cm vom unteren Rand entfernt.

4.–5. Tragen Sie am unteren Drittel wieder Wasabi oder Meerrettich auf und legen Sie die ausgewählten Zutaten darüber.

6.–11. Rollen Sie das Maki wieder auf dieselbe Weise ein wie die Hoso- oder Futo-Maki.

12. Jetzt können Sie oben die fertige Rolle noch mit Zutaten nach Wahl belegen.

13.–14. Legen Sie ein Stück Frischhaltefolie darüber und drücken Sie mit einer unfolierten Makisu von den Seiten und von oben die Rolle.

15.–16. Sie können nun vor dem Schneiden die Folie entfernen oder mit der Folie darüberschneiden wie auf dem Bild. Letzteres hat den Vorteil, dass, falls vom Belag etwas verrutscht, nochmals nachgeformt werden kann.

17. Hier sehen Sie die fertige Rolle. Maki mit einem Belag oben sollten immer aufgestellt serviert werden.

# Nigiri – das handgeformte Sushi

Nigiri sind eine der ältesten Formen von Sushi. Es sind ovale Reisbällchen, auf die ein Belag kommt. Dafür geeignet sind verschiedene feste Zutaten, welche in Form und Größe passend geschnitten werden können. Sind die Zutaten nicht klebrig, müssen diese mit einem dünnen Streifen Nori-Blatt oder Gemüse am Reis »festgebunden« werden. Die handgeformten Nigiri-Sushis sind etwas arbeitsintensiver in der Herstellung als Maki-Rollen. Auch sie sollten in mundgerechter Größe sein. Nigiri mit frischem selbstklebendem Fisch machen wir in der Schritt-für-Schritt-Herstellung etwas anders als Nigiri mit frischem oder gegartem Gemüse.

1. Die Hände befeuchten und in eine Hand 20 g Reis geben.

2. Formen Sie den Reis zu einer »Nocke«. Dabei ebenfalls nicht zu fest zusammendrücken.

3. Für einen besseren Stand die »Nocke« unten etwas flach drücken. Oben mit einem Finger etwas Wasabi oder Meerrettich auftragen.

4. Den Belag daraufsetzen.

5. Ist der Belag biegsam, mit zwei Fingern der anderen Hand andrücken.

6.–7. Einen ca. 1 cm breiten Streifen Nori-Blatt (alternativ dünne, vorgekochte Gemüsestreifen) darüberlegen und das Ende mit einem Reiskorn zusammenkleben.

8. Hier sehen Sie das fertige Gemüse-Nigiri.

# Te-Mari – kleine Sushi-Bällchen

Sushi-Bällchen in der ungefähren Größe eines Tischtennisballs. Für diese kann der Reis mit Kräutern gewürzt sein, die Bällchen frittiert oder auch oben dekorativ belegt werden.

1. Mit einem Eisportionierer oder Löffel geben Sie 20 g Reis auf ein kleines Stück Frischhaltefolie.

2.–3. Falten Sie die Folie über dem Reis zusammen und drehen Sie sie leicht ein, sodass Sie eine leicht gepresste Kugel erhalten.

4. Nach dem Auswickeln geben Sie etwas Wasabi oder Meerrettich darauf.

5. Belegen Sie die Reiskugel mit den gewünschten Zutaten.

6.–7. Legen Sie ein frisches Stück Frischhaltefolie darüber und pressen Sie den Belag leicht an.

# Gunkan-Maki – handgeformt und umwickelt

Diese Form des Sushis ist ideal für Zutaten, welche auf den Nigiri nicht halten würden, wie z. B. Tatar, Püree etc. Zum Umwickeln werden meist Nori-Blätter verwendet. In den folgenden Rezepten verwenden wir auch dünne Streifen verschiedener Gemüsesorten wie z. B. Gurke oder Staudensellerie sowie Pfannkuchen. Sollten Sie auf einer Arbeitsfläche aus Holz arbeiten, dann diese unbedingt vorher befeuchten, da beim Gunkan-Maki der Reis mit der Arbeitsfläche in Berührung kommt.

1. Die Hände befeuchten und in eine Hand 20 g Reis geben.

2.–3. Formen Sie den Reis zu einer »Nocke«. Dabei ebenfalls nicht zu fest zusammendrücken.

4. Umwickeln Sie die »Nocke« mit einem ungefähr 3 cm breiten Streifen Nori. Die Enden wieder mit einem Reiskorn verkleben.

5.–6. Mit einem Finger den Reis leicht nach unten drücken.

7. Die Füllung in den so entstandenen Hohlraum einfüllen und das Gunkan-Maki dekorieren.

8. Hier sehen Sie das fertige Gunkan-Maki.

# Te-Maki – die gefüllte Sushi-Tüte

Hier kann hinsichtlich Größe und Füllung beliebig kombiniert werden. Te-Maki essen Sie immer mit der Hand und beißen Stück für Stück ab. Zum Einrollen empfehlen sich Nori-Blätter.

1. Schneiden Sie das Nori-Blatt auf eine Größe von ca. 10 × 17 cm zurecht und tragen Sie mit einer befeuchteten Hand oder einem Spatel auf der linken Seite 40–50 g Reis auf. Lassen Sie die linke obere Ecke frei.

2. Tragen Sie etwas Wasabi oder Meerrettich auf.

3. Legen Sie die Zutaten Ihrer Wahl diagonal über den Reis. Sie sollten mit den Enden oben links etwas überstehen, unten jedoch nicht ganz bis zum Ende reichen.

4.-5. Beginnen Sie das Te-Maki zu einer Tüte einzurollen. Das Ende verkleben Sie mit ein paar Reiskörnern.

6. Hier sehen Sie das fertige Te-Maki.

# Onigirazu – das Sushi-Sandwich

Onigirazu ist ein Sandwich, nur mit Reis anstatt Brot. Es ist zum Abbeißen und ideal als Sushi »to go«. Unsere ideale Größe ist mit etwa 100 g Reis und einer Füllmenge von 50–70 g.

1. Nehmen Sie ein Stück Frischhaltefolie und geben darauf ein ganzes Nori-Blatt mit der rauen Seite nach oben.

2. Darauf geben Sie in die Mitte die Hälfte der Reismenge und machen mit befeuchteten Händen ein ca. 1 cm hohes Quadrat, diagonal zum Nori-Blatt.

3. Platzieren Sie die Fülle Ihrer Wahl genau auf den Reis.

4. Darüber geben Sie den restlichen Reis, ebenfalls aufgeteilt in ein Quadrat derselben Größe.

5.–7. Jetzt falten Sie alle 4 Ecken des Nori Blattes über dem Reis nacheinander zusammen. Verkleben Sie die Ecken jeweils mit einem Reiskorn.

8. Wickeln Sie die Frischhaltefolie eng darum und formen Sie es falls notwendig noch besser.

9. Mit einem scharfen, befeuchteten Messer schneiden Sie das Onigirazu in zwei Hälften.

10. Hier sehen Sie das fertige Onigirazu.

# Onigiri – Sushi-Dreieck zum Abbeißen

Onigiri werden manchmal nur als Reis mit Nori, aber auch gefüllt, kalt sowie warm, gebraten oder frittiert gegessen. Wir verwenden für unsere ideale Größe etwa 70 g Reis. Onigiri können in der Hand gemacht werden, wir bevorzugen es in Folie zu wickeln und zu formen.

1. Geben Sie den Reis in die Mitte auf ein Stück Frischhaltefolie.

2. Formen Sie mit befeuchteten Händen ein etwa 1 cm dickes Viereck.

3. Geben Sie 20–30 g Füllung in die Mitte des Reises.

4.–5. Falten Sie die Frischhaltefolie nach oben zusammen.

6. Drücken Sie die Reisränder zusammen. Achten Sie darauf, dass die Füllung in den Reis eingeschlossen wird.

7.–9. Formen Sie mit beiden Händen das Onigiri zu einem Dreieck.

10. Nehmen Sie das fertig geformte Onigiri aus der Folie.

11.–12. Stellen Sie das Onigiri mittig auf einen ca. 3 cm breiten und 10 cm langen Streifen Nori und klappen Sie die freien Enden seitlich am Onigiri hoch.

13. Hier sehen Sie das fertige Onigiri.

# Inari – gefüllte Tofu-Taschen

Diese sind kalt sowie auch warm ein Leckerbissen. Verwenden Sie die frittierten und bereits marinierten Tofu-Taschen »Abura Age«. Sie bekommen diese in Asia Shops. Sie können Inari oben offen und dekorativ gestaltet oder aber auch geschlossen zu einer Seite gelegt und »upside down« plaziert servieren.

1.-2. Öffnen Sie die Tofu-Taschen vorsichtig.

3. Mit einer befeuchteten Hand geben Sie etwas Reis hinein.

4.–6. Befüllen Sie die Taschen mit Zutaten Ihrer Wahl.

## Oshi – gepresstes Sushi

Traditionell wird hierbei Sushi-Reis in eine Holzform, die Oshibako, gedrückt. Sie können aber auch beliebige andere Formen verwenden. Die Oshis sollten ebenfalls nicht zu fest angedrückt werden. Dabei die Hände immer befeuchten, wenn Sie Reis andrücken. Oshis können umwickelt, gefüllt, belegt oder einfach nur der Reis gepresst sein.

Im Buch wird eine Oshi-Variante auch vor dem Belegen knusprig angebraten. Oshis in einer größeren Form werden dann mit einem feuchten Messer geschnitten. Sie können jedoch auch individuell gepresst werden, rund, eckig, herzförmig usw. Dazu sind Keksausstecher gut geeignet. Wird eine Holzform verwendet und der Reis wird direkt hineingedrückt, muss diese mit Wasser befeuchtet werden, da der Reis am trockenen Holz kleben bleibt.

Alternativ mit Frischhaltefolie auslegen. Wird das Oshi mit Nori ummantelt, die Form trocken halten.

## Chirashi – die Sushi-Bowl

Der Sushi-Reis kommt zuerst locker in die Schale und wird dann mit den verschiedensten Zutaten belegt, mit Dip-Sauce serviert und mit Stäbchen aus der Schale gegessen. Seien Sie kreativ in der Auswahl der verschiedensten Zutaten nach Jahreszeit. Frische sowie gegarte Zutaten können hierzu gut kombiniert werden. Sie erhalten wunderbare Geschmacksvarianten.

# REGISTER DER REZEPTE

# ÜBER DIE AUTOREN

Alex Neumayer stammt aus dem Gasteinertal. Er arbeitete lange als Küchenchef und Food Artist in der Fünf-Sterne-Hotellerie in Südostasien. Seine Frau Angkana hat die asiatische Kunst des Gemüseschnitzens erlernt und sich als Köchin in der thailändischen und vietnamesischen Küche weitergebildet. Gemeinsam betreiben die beiden das Studio »Kochen und Kunst« – mit Angkana Neumayer als Foodstylistin und Alex Neumayer als Koch und Fotograf.

# Ebenfalls erhältlich ...

ISBN 978-3-95961-869-4

ISBN 978-3-95961-785-7

ISBN 978-3-95961-638-6

ISBN 978-3-95961-804-5

# IMPRESSUM

Verantwortlich: Sonya Mayer
Rezepte, Foodfotografie & Foodstyling: Alex & Angkana Neumayer
(www.kochenundkunst.at)
Redaktion: Dr. Regina Roßkopf
Layout: Helen Garner
Umschlaggestaltung: Regina Degenkolbe
Repro: LUDWIG:media
Korrektorat: Judith Bingel
Herstellung: Vanessa Brunner

Printed in Turkiye by Elma Basim

Bildnachweis
Alle Bilder des Umschlags und des Innenteils stammen von Alex & Angkana Neumayer.
Illustration Reiskörner: Shutterstock/Tatiana Linbimova

**Sind Sie mit diesem Titel zufrieden? Dann würden wir uns über Ihre Weiterempfehlung freuen**. Erzählen Sie es im Freundeskreis, berichten Sie Ihrem Buchhändler oder bewerten Sie bei Onlinekauf. Und wenn Sie Kritik, Korrekturen, Aktualisierungen haben, freuen wir uns über Ihre Nachricht an: Christian Verlag, Postfach 40 02 09, D-80702 München oder per E-Mail an lektorat@verlagshaus.de

Unser komplettes Programm finden Sie unter: www.christian-verlag.de

Alle Angaben dieses Werkes wurden von den Autoren sorgfältig recherchiert und auf den neuesten Stand gebracht sowie vom Verlag geprüft. Für die Richtigkeit der Angaben kann jedoch keine Haftung übernommen werden, weshalb die Nutzung auf eigene Gefahr erfolgt. Sollte dieses Werk Links auf Webseiten Dritter enthalten, so machen wir uns die Inhalte nicht zu eigen und übernehmen für die Inhalte keine Haftung.

In diesem Buch wird aus Gründen der besseren Lesbarkeit das generische Maskulinum verwendet. Weibliche und anderweitige Geschlechteridentitäten werden dabei ausdrücklich mitgemeint, soweit es für die Aussage erforderlich ist.

Die Deutsche Nationalbibliothek verzeichnet diese Publikation in der Deutschen Nationalbibliografie; detaillierte bibliografische Daten sind im Internet über http://dnb.d-nb.de abrufbar.

2. Auflage 2024



ISBN 978-3-95961-640-9